Sous la direction de
GÉRARD LARCHER

Le Gaullisme,

une solution pour demain

Avec les contributions de
Roger Karoutchi, Jacques Legendre, Patrice Gélard, Jean-René Lecerf, Josselin de Rohan, Jean Bizet, Philippe Leroy, Robert del Picchia, Jacques Gautier, Philippe Marini, Isabelle Debré, Alain Gournac, Dominique de Legge, Philippe Dallier, Pierre Frogier, Michel Magras, Étienne Garau, Charles Guené.

Odile Jacob

15, RUE SOUFFLOT, 75005 PARIS

www.odilejacob.fr

ISBN 978-2-7381-2811-9

Introduction

« Que l'on soit gaulliste, antigaulliste ou indifférent au gaullisme, il ne me paraît pas inutile de chercher à réfléchir sur la signification idéologique du gaullisme : le gaullisme est-il, dans l'histoire des idées politiques, un événement purement conjoncturel lié à la personnalité exceptionnelle d'un homme exceptionnel ou est-ce un phénomène plus profond, original, appelé à survivre au général de Gaulle et à survivre sous quelle forme ? » Le professeur Jean Touchard introduisait ainsi son cours à l'Institut d'études politiques de Paris, en 1972.

Le gaullisme comporte, à l'évidence, une dimension contingente. Quoique portant la marque d'une analyse globale et mondiale des choses, le gaullisme est un avatar de l'histoire d'un vieux pays : la France. Il est tributaire de la réflexion singulière et atypique, marqué par les circonstances et par l'action, d'un homme d'exception. Il s'est forgé au rythme de contraintes distinctes et séquencées qui, de juin 1940 à l'après-avril 1969, ne constituent pas toutes des références déterminantes pour nombre de nos concitoyens et notamment ceux qui n'ont pas communié aux épisodes les plus marquants de l'épopée gaulliste.

Le gaullisme a cependant fortement et durablement marqué l'histoire contemporaine et la mémoire collective de notre pays. Il a donné à la France une Constitution nouvelle et la très grande majorité de nos compatriotes se reconnaissent dans ces institutions qui ont fait preuve à la fois de solidité et de souplesse. Bien rares sont d'ailleurs ceux qui, quel que soit le bord auquel ils appartiennent, en dénient l'importance objective et les apports positifs. Il s'agit là d'une raison suffisante pour interpeller l'actualité du gaullisme. Que, comme d'autres, notre pays soit confronté aux circonstances exceptionnelles d'une crise sans précédent constitue, me semble-t-il, une seconde raison de vouloir revisiter les facteurs dominants du gaullisme. Les sursauts, les consensus et les résultats que le gaullisme a provoqués au cours des différents épisodes de notre histoire auquel il a été mêlé, dans le contexte d'autres crises, en ont ciselé les ressorts et les contours. Il mérite, de ce fait, notre attention.

Le gaullisme n'est-il pas, en effet, une manifestation particulière d'une posture que l'on retrouve tout au long de l'histoire de France et qui nous fait, peut-être actuellement, défaut : le refus du renoncement ? Ce refus qui, de Jeanne d'Arc à Gambetta, et de Clemenceau à de Gaulle, est une marque de la France. Le gaullisme a toujours su entraîner l'adhésion du peuple de France aux heures les plus difficiles de son histoire.

La crise globale de la mondialisation, les mutations subies qu'elle engendre, les déracinements économiques, monétaires, culturels et sociaux qu'elle provoque appellent un sursaut. La crise exige l'obligation urgente et ardente de réformes radicales inspirées par les idées radicalement neuves que réclame un monde radicalement nouveau. Elle sollicite une vision volontariste, globale et inventive du souhaitable et du possible. Elle requiert des adaptations empiriques tenant le plus grand compte de la réalité des choses et des États. Sur ces différents plans également, il nous est apparu utile d'explorer les convergences qui existent entre le gaullisme et les exigences du temps présent.

Les désordres et les pertes de repères de toute nature provoqués par la crise semblent susciter un besoin nouveau de dépassement et de transcendance au regard des références qui étaient celles de l'avant-crise. Le débat politique actuel semble être le révélateur, en négatif, d'une aspiration, aussi inexprimée que puissante, à un rassemblement qui transcenderait les clivages d'appareils, de communautés, d'intérêts. L'adhésion molle et circonspecte aux solutions de compromis et la prise de conscience de leur dramatique inefficacité dans le moyen terme confortent cette volonté d'aspiration vers le haut. Rarement l'insuffisance de valeurs partagées au service de l'intérêt général ne semble avoir été autant ressentie. Rarement les lacunes d'un vouloir vivre ensemble dans une société équitable, socialement sécurisé mais respectueux du travail fait et des initiatives individuelles, ne semblent avoir été aussi largement éprouvées. Rarement le besoin d'une organisation de l'action publique autour d'ambitions claires, concrètes, réalistes et partagées pour chacun mais aussi pour la Nation tout entière me semble avoir été aussi prégnant.

Au-delà des discours, des promesses, des compromis, nos citoyens sont en attente de repères.

Comment doit être partagé le fruit du travail et du capital ? Comment l'État doit-il se recentrer sur ses missions principales en réduisant ses coûts de fonctionnement et sa prégnance – de plus en plus ressentie comme excessive – sur les initiatives individuelles ?

Comment, dans le même temps, l'État doit-il assumer fortement ses devoirs dans les domaines de la promotion de l'équité, du développement de la santé publique, des garanties sociales essentielles, de la promotion de l'innovation, de l'éducation et de la préservation de l'environnement ? Comment renouveler le dialogue social et substituer autant que faire se peut, dans l'équité, la négociation à la norme ? Comment optimiser, sans redondance et à coûts maîtrisés, l'action de l'État entre le pouvoir central et les exigences de proximité de plus en plus fortes dont les territoires sont la garantie ? Comment, de manière parallèle, organiser sur des bases nouvelles et forcément plus intégrées le rôle de la France en Europe et dans le monde ?

La distorsion entre la force ressentie de ces interrogations et la déception provoquée par les réponses qui sont le plus souvent apportées interpelle. Elle sollicite rupture, audace, volonté et réalisme.

Plus que jamais l'économie et la société exigent humanité, générosité et volontarisme, en même temps qu'efficacité dans l'ordre de l'économique, du politique et du social. Ces valeurs et ces principes étaient à l'origine de la Ve République. Ces valeurs sont les référents de base du gaullisme. Ne sont-elles pas de nature à conforter l'exigence ressentie comme insuffisante de la légitimité de la France, de ses gouvernants et de ses institutions ?

Notre pays est menacé dans ses fondements mêmes. Il dispose cependant d'atouts exceptionnels. Nos concitoyens le ressentent et attendent un sursaut. Nous sommes convaincus que les valeurs intemporelles qui ont été la marque du gaullisme correspondent à une attente et peuvent y contribuer. C'est bien le sens de la réflexion que nous avons souhaité partager dans cet ouvrage collectif qui est, sous la signature de sénateurs et au-delà même de leurs auteurs, le fruit d'une réflexion partagée d'anciens sénateurs et de sénateurs gaullistes de toutes générations, depuis les compagnons de route du général de Gaulle jusqu'aux élus de septembre 2011 qui se sont éveillés à la citoyenneté engagée bien après 1969 ! Cette réflexion se veut une recherche concrète d'éléments de réponse susceptibles d'éclairer une action de rassemblement sur la base d'un socle de valeurs largement partagées. Elle est à l'opposé de la sanctuarisation d'un dogme, de la célébration passéiste d'une épopée.

G. L.

PRÉAMBULE

Des solutions gaullistes dans un monde en crise : nostalgie, utopie ou exigence ?

par Gérard Larcher

Pour ceux qui se sont engagés en politique pour servir les valeurs du gaullisme, une réflexion sur l'actualité de ces valeurs semble s'imposer face à la crise et devant les exigences de mutation auxquelles notre pays est confronté. Une telle démarche comporte un double risque : celui de la sanctuarisation et celui d'une lecture figée des valeurs supérieures qui sont devenues la marque du gaullisme. Sans, bien sûr, rien renier, notre ambition n'est pas celle de la commémoration. Tournée vers l'avenir, elle vise, au contraire, à essayer de cerner ce que pourrait être l'actualité – au service de l'action qu'exigent les circonstances de notre temps – de cet ensemble singulier de valeurs et de « postures » que l'on a appelé le « gaullisme ».

L'exercice n'est pas aisé, car ces valeurs et ces « postures » ont une globalité, une cohérence, une forte interactivité, mais aussi une transcendance. Il peut donc paraître malaisé d'identifier chacun de ces éléments et de tenter de les définir dans leur pérennité novatrice. Mais faire face aux difficultés n'est-il pas l'une des marques premières du gaullisme ?

Notre démarche commune a pour ambition que ce parcours de relecture, d'interrogations et de propositions puisse contribuer, secteur par secteur, à renouveler et à dynamiser un débat politique national et européen, souvent figé dans des postures traditionnelles et dépassées. Un tel débat ne correspond manifestement pas aux attentes des citoyens. Cette situation est à la fois normale et grave. Elle sollicite cependant un renouveau de la réflexion et de l'action politiques. Notre ambition commune est d'y contribuer de manière aussi concrète que possible.

Un contexte nouveau et incontournable : « la crise »

Au-delà des références idéologiques, des ambitions et des propositions concrètes, tout projet politique de gouvernement s'inscrit nécessairement dans un contexte international et national. Ce contexte en conditionne la réalisation et, donc, son appréciation par les électeurs. Celui qui subordonne actuellement les projets politiques proposés aux Français est marqué par des circonstances exceptionnelles.

Ces circonstances sont exceptionnelles sur le fond, car elles affectent brutalement les fondements mêmes des systèmes économiques et financiers dans le monde. Elles appellent, à l'échelon national comme aux échelons internationaux, des réformes structurelles et comportementales de grande ampleur. Ces circonstances sont également exceptionnelles en ce que les mutations économiques, commerciales et financières en cours dans le monde ne sont pas de nature conjoncturelle. Leurs conséquences appellent des réponses d'une ampleur telle que, tout en exigeant souvent une réactivité rapide, elles ne pourront être mises en œuvre que dans la durée.

LE DIAGNOSTIC

La « crise » qui a frappé les États-Unis[1], puis l'Europe[2], est une crise mondiale, durable et systémique. Plus qu'une « crise » au sens étymologique de ce terme[3], il s'agit de l'émergence systémique de diverses manifestations structurelles de l'inadaptation de la finance, de l'économie et des gouvernances dans le monde à des mutations profondes.

LES CAUSES

L'essentiel des dysfonctionnements constitutifs de cette « crise » a pour cause profonde l'inadaptation de la finance et du commerce international à la césure entre les pays émergents et les « vieilles nations industrielles ». Alors que les premiers – avec un énorme différentiel de coût – produisent, vendent et épargnent massivement, les secondes consomment et s'endettent dans une économie dont la financiarisation croissante, ajoutée au monopole international de la devise américaine, a longtemps masqué les fragilités (déclin de la production industrielle et des exportations ; déficits publics et, parfois, privés résultant des coûts du soutien à la consommation[4]).

Les pays émergents eux-mêmes ne sont pas exempts de fragilités : monnaies parfois sous-évaluées ; risques d'inflation ; lacunes dangereuses dans les domaines de l'écologie, du social

1. De la crise initiale des *subprimes* à la perte du triple A.

2. De la crise de la dette dans les États les plus fragiles à la crise de la gouvernance européenne.

3. C'est-à-dire un événement négatif, soudain, mais relativement circonscrit dans le temps comme dans ses manifestations.

4. Et à l'impasse des solutions limitées à la résorption des déficits – crédit, endettement, politiques sociales héritées de l'État providence.

et des infrastructures. Quant au tiers-monde, il n'est, bien sûr, pas épargné par cette fragilité globale : dépendance à l'égard du coût des matières premières ; perspectives de croissance affaiblies ; cycle surpopulation-pauvreté-dépendance à l'égard d'autres États/radicalismes/terrorismes/économies parallèles ou mafieuses…

LES MANIFESTATIONS

Les manifestations les plus essentielles de cette situation peuvent aisément être identifiées :

– Désordre monétaire caractérisé notamment par le rôle excessif d'un dollar fragilisé, par l'ampleur excessive des dettes qui le gagent, par une monnaie chinoise sous-évaluée et par un euro surévalué dont les bases économiques sont appréciables, mais qui est décrédibilisé par une absence de gouvernance commune qui est le propre de toute monnaie.

– Désordres économiques et commerciaux résultant de cette absence d'ordre monétaire international dans le contexte d'une économie de plus en plus financiarisée.

– Apparition croisée de phénomènes de puissance étatique et de spéculations financières qui sapent les fondements de toute perspective équilibrée et durable de croissance dans le monde.

LE CARACTÈRE OBLIGÉ DE CE CONTEXTE

L'ampleur, la globalité, la durée et la dangerosité de l'inadaptation du monde aux mutations en cours constituent un contexte obligé et urgent pour toute politique nationale ou internationale. Toute action politique, nationale ou internationale, qui contournerait, sous-estimerait ou ignorerait cette exigence contribuerait inévitablement à aggraver une situation éminemment dangereuse pour toutes les nations et pour tous les peuples du monde. Il s'agit là d'une exigence et d'un critère de choix politique. Or le gaullisme est une référence particulièrement appropriée aux périodes de bouleversement.

LE REFUS DU « DÉCLINISME »

Le postulat de l'intégration de toute action politique dans le contexte de la « crise » ou, plus précisément, des conséquences encore non maîtrisées d'une mondialisation largement spontanée procède du simple réalisme.

Ce postulat induit une exigence de clairvoyance, d'audace et de volonté. Les dysfonctionnements structurels produits par une mondialisation spontanée et désordonnée que les marchés, notamment financiers, n'ont pas pu ordonnancer pour le bien du plus grand nombre ne sont pas une fatalité. Des solutions existent. Elles sont connues, parfois contradictoires, parfois complémentaires. Leur indispensable mise en œuvre exige des vertus difficilement conciliables : la prise en compte de la force des situations existantes, une volonté, des initiateurs tenaces, clairvoyants et crédibles

Actuellement les plus frappées, les vieilles nations industrialisées et, notamment, l'Europe ne sont pas démunies d'atouts : infrastructures ; connaissance ; situation géostratégique ; maîtrise de technologies de pointe ; déficits budgétaires finalement moins graves que d'autres ensembles continentaux ; monnaie appréciée et, d'ailleurs, surévaluée ; réserves monétaires diversifiées et significatives ; part prégnante dans le commerce mondial ; premier PIB du monde ; ébauche inachevée et fragile d'une gouvernance perfectible.

Une influence mondiale substantielle, désormais inaccessible pour chacun des États qui compose l'Union, semble devoir l'être dans le cadre de l'Union. Il convient de saisir cette opportunité tant qu'il est encore temps, c'est-à-dire dans les mois à venir.

UN APPEL AU RENOUVEAU

La crise et les défis provoqués par les conséquences des mutations liées à la mondialisation constituent un appel au renouveau. Les caractéristiques et les conséquences de ces mutations sollicitent, en effet, la définition de propositions et d'ambitions nouvelles. Elles appellent des « postures » rénovées de gouvernance.

S'agissant de la France, l'augmentation des replis abstentionnistes lors des consultations électorales, la montée – à droite comme à gauche – des thèmes de campagne privilégiant le radicalisme, le refus ou la démagogie sur la crédibilité des projets, les réticences enfin de nos concitoyens à l'égard des propositions des partis traditionnels, semblent des signaux d'autant plus inquiétants que l'ampleur des changements à conduire ne pourra être durablement réalisée qu'avec un large soutien populaire.

Une relecture des principes de ce que l'on a appelé le gaullisme peut-elle contribuer à remédier à ce défi supplémentaire ? Certains éléments incitent à le penser, sur la forme comme sur le fond. Le gaullisme n'est-il pas une mobilisation des atouts pour servir le refus de l'adversité et du déclin ?

Une nécessité actuelle : le volontarisme éclairé

L'ampleur, la globalité et la durée prévisible du cumul de situations nouvelles qui résultent de l'état du monde confèrent une obligation ardente et urgente de bousculer les compromis partiels et de court terme au profit d'un volontarisme éclairé par des ambitions à la hauteur des enjeux, cohérentes et réalistes. Cette ambition s'impose à l'ordre national comme à l'ordre international. Le gaullisme, une fois encore, ne constitue-t-il pas un élément moteur dans la réponse à ce défi majeur ?

L'appel à la volonté, à la globalité de l'analyse, à l'audace des solutions semble répondre à un besoin profond – et actuellement déçu – qui sommeille chez un grand nombre de nos concitoyens. Ces ressorts ont connu leur apogée dans la belle histoire de ce que l'on appelle le gaullisme. Notre conviction est que, même s'il y ressemble, le gaullisme n'est pas qu'une épopée limitée à une réponse appropriée à certains défis circonstanciés de notre histoire, une épopée paradoxalement limitée par la stature exceptionnelle de son principal initiateur, le général de Gaulle. Le gaullisme est aussi une transcendance, à la fois intemporelle et latente, organisée autour de quelques principes structurants qui lui confère sa cohérence, sa richesse et sa singularité.

Est-il utopique ou suranné de rechercher dans le gaullisme certaines postures et certaines références susceptibles de rassembler le plus grand nombre pour agir de manière globale sur l'essentiel, en réponse à des défis mondiaux qui ne menacent rien de moins que l'harmonie et la pérennité de notre existence nationale ?

LES LIMITES INHÉRENTES AU GAULLISME ?

L'intemporalité et la pérennité du gaullisme sont, naturellement et tout d'abord, limitées par la stature et la personnalité uniques de son initiateur et principal animateur. Le gaullisme est d'abord assimilé à la posture historique d'un homme d'exception. C'est sa première limite.

Le gaullisme est également circonstancié par les conditions de son insertion dans l'histoire de la France et c'est sa deuxième limite.

– Il y a d'abord eu la fulgurante et improbable réaction à la cataclysmique défaite de 1940, à l'Occupation, à la perte par la France de son statut de grande puissance, à la collaboration du gouvernement de l'État français à l'hérésie nazie.

– Il y a eu, dans la victoire, la tentative de reconstruction, tout à la fois politique, institutionnelle, économique et sociale du pays dans une ambitieuse et parfois contradictoire aspiration à l'union nationale, à la démocratie et à l'accélération de l'évolution sociale.

– À partir de 1958, il y a eu, à partir d'une vision globale et particulièrement lucide du monde tel qu'il était alors, le renforcement des institutions et l'affermissement dans tous les domaines du statut de la France dans un contexte de décolonisation, de guerre froide et de perspectives ouvertes de développement économique et social, dont la construction de la communauté européenne était partie intégrante.

La franchise consisterait à ajouter que, depuis 1969, la référence au gaullisme a été animée – et parfois disputée – par des hommes différents et que le gaullisme a, en conséquence, hébergé des politiques différentes, globalement pertinentes, tirant le meilleur du libéralisme éclairé, comme d'une certaine forme de social-démocratie ambitieuse pour le rôle de la France dans le monde, mais sans originalité particulière. C'est la troisième limite du gaullisme en tant que doctrine.

LA PÉRENNITÉ DU GAULLISME

Les périodes fondatrices du gaullisme peuvent-elles constituer une référence intemporelle ? Ces moments de notre histoire sont marqués par une singularité essentielle[1] qui en limite forcément l'intemporalité : circonstances historiques exceptionnelles ; homme exceptionnel ; lucidité prospective exceptionnelle ; volonté exceptionnelle…

Les périodes fondatrices du gaullisme présentent cependant des éléments intemporels, essentiels et dynamiques. La référence nationale est omniprésente dans le gaullisme, ce qui n'est pas une singularité dans l'histoire politique et idéologique des nations. Toutefois, la singularité du gaullisme réside dans le fait que la référence permanente et essentielle à la Nation et à l'énergie nationale se veut scrupuleusement apurée de toute considération idéologique, catégorielle, de classe ou de référence à des traditions susceptibles de fragiliser les trois ressorts principaux de la Nation qui semblent, pour le gaullisme, être l'unité, le dynamisme et l'expression démocratique.

LES CONTOURS D'UNE POSTURE GAULLISTE INTEMPORELLE ET FÉDÉRATRICE EXISTENT-ILS ?

L'objectif du groupe de réflexion que nous avons ensemble l'ambition de fonder est de montrer, au fil de nos travaux et de nos propositions, qu'on peut répondre par l'affirmative à cette légitime interrogation. Plus encore, notre ambition est de faire apprécier ce qu'une approche collective inspirée des principes intemporels du gaullisme peut apporter aux défis existentiels et, donc, exceptionnels auxquels une crise exceptionnelle confronte notre pays dans son existence même. Incontestablement, le contexte de notre réflexion s'inscrit ainsi dans un contexte gaulliste : celui de l'exceptionnel et de l'essentiel.

1. Au sens étymologique du terme.

Une posture cohérente et singulière

Le gaullisme n'est pas une idéologie. Il n'est pas un système de pensée sanctuarisé autour de principes figés par une dimension doctrinale, de type « messianique » et intemporelle. Les principes fondateurs du gaullisme sont contingents. Ils sont tributaires des circonstances, des moments de leur rencontre avec l'histoire.

Le gaullisme est peut-être avant tout une attitude, une posture éclairée de l'action. Il est indissociable de la volonté, de l'action et de l'audace. Ce critère semble essentiel pour le choix des acteurs appelés à déterminer et à conduire la politique de la France.

Je serais tenté d'ajouter aux éléments constitutifs de la « posture gaulliste » une exigence de richesse de l'analyse. L'une des caractéristiques de l'épopée gaullienne a été le caractère visionnaire des analyses qui ont marqué son action dans l'histoire. N'est évidemment pas visionnaire qui veut, mais une approche visionnaire peut être favorisée par une méthode. Au-delà de l'intelligence singulière qui était celle d'un homme d'exception, la globalité de l'analyse ne constitue-t-elle pas la caractéristique majeure – en quelque sorte, la méthode – du gaullisme historique ? Cette référence méthodologique – que l'on est loin de retrouver dans le paysage politique français – ne doit-elle pas être l'une des ambitions contemporaines de toute posture gaulliste ? Ne peut-elle pas constituer une différence valorisante ? L'ambition est exigeante.

Plus que jamais, l'impératif de globalité doit viser l'espace : les causes, les enjeux et les solutions de tout ce qui est essentiel se situent désormais à l'échelle du monde. De ce fait, toute analyse portant sur des enjeux essentiels exige de s'élaborer dans un contexte de références, de données et de perspectives mondiales. L'exigence de globalité concerne aussi le temps. Son accélération universelle et exponentielle confère une force renouvelée à la dimension prospectrice que semble devoir revêtir toute recherche de solution. C'était l'une des caractéristiques – alors singulière – de la pertinence du gaullisme historique ; cet héritage constitue désormais un impératif systématique et absolu.

Par définition, le besoin de globalité est, enfin, sectoriel : l'approche multisectorielle qui caractérisait la cohérence gaullienne constitue plus que jamais un impératif. Le lien entre la stratégie d'existence internationale et, donc, nationale, l'économie, la monnaie, les équilibres sociaux et écologiques est devenu une évidence quotidienne. Une posture gaulliste contemporaine doit contribuer à éviter que cette dimension soit parfois occultée ou sous-estimée, comme cela est encore trop souvent le cas dans les analyses politiques.

Une référence essentielle : l'Intérêt national

Éclairée par une posture singulière, la primauté absolue de l'Intérêt national constitue la référence première, essentielle et intemporelle du gaullisme. Le service intransigeant de la Nation dans les « profondeurs » de son histoire, de ses territoires, mais aussi dans le renouvellement permanent de sa composition, de ses attentes et de la réalité de ses possibilités constitue sans doute la pierre angulaire du gaullisme.

Cette référence essentielle n'est pas réductrice. Bien au contraire, elle constitue, dans l'intransigeance de son absolue simplicité, une synthèse originale qui transcende le traditionnel clivage de la vie politique nationale entre l'Ordre et le Mouvement.

Pour le gaullisme, l'Intérêt national, c'est l'Ordre. L'Ordre, c'est la stabilité institutionnelle, gage de l'efficacité de gouvernance au service de l'expression la plus directe de la souveraineté nationale. L'Ordre, c'est la sécurité nationale externe[1] et interne[2] au sens le plus large. L'Ordre, c'est la sécurité sociale globale d'un système tout à la fois équitablement protecteur[3], juste[4], aux coûts maîtrisés pour la Nation[5]. Mais le gaullisme est tout autant le Mouvement. Car il procède de la conviction que rien n'est possible sans la croissance économique, la liberté d'entreprendre, le rôle raisonnablement régulé des marchés (en fonction de la pérennité de leur fonction effectivement régulatrice), la recherche prioritaire de la compétitivité (économique, mais aussi étatique), l'innovation, les idées neuves, l'importance de la formation, de l'éducation et de la recherche.

Au-delà, le gaullisme est caractérisé par l'idée que la conception de tout principe, fût-il fondateur (l'Intérêt national), est déterminée par les enjeux qui conditionnent le « vouloir vivre ensemble », voire le « pouvoir vivre ensemble » des Français. La référence au principe d'évolution que comporte chacun des éléments fondateurs du gaullisme est organisée. Elle est subordonnée au concept supérieur qui est celui de l'intérêt général. L'intérêt général intègre les aspirations du plus

1. Diplomatie, défense, dissuasion.

2. Maintien de l'ordre efficace, mais surtout justice équitable et ferme et prévention des conflits de société avec pour maître principe l'équité dans le respect des principes fondateurs de la République.

3. Droit au travail, à la protection sociale.

4. Au sens qu'il favorise, tout à la fois, hors accidents de la vie, l'effectivité et l'efficacité du travail, mais aussi le soutien aux plus défavorisés. Il s'inscrit dans un contexte de progressivité raisonnable de l'impôt.

5. L'application des droits est subordonnée à une évaluation des résultats, à une concertation sociale sur les coûts et à une sanction des fraudes, abus et détournements.

grand nombre (démocratie aussi directe que possible), leur intégration et leur modulation dans une perspective à moyen et long terme (plus-value et courage de la gouvernance) et, enfin, leur mise en perspective au regard de l'exigence de la pérennité de la réalité nationale et étatique, c'est-à-dire des forces les plus à même d'en garantir la réalisation et l'avenir.

Le gaullisme apparaît ainsi comme singulier au regard de la gestion de l'immédiat qui constitue le quotidien du politique. Il l'est par l'exigence de fulgurance qu'il comporte et par la hiérarchisation nécessaire de la prégnance des contraintes conjoncturelles. Les références supérieures qui animent le gaullisme en font ainsi l'ennemi de la gestion à courte vue et, bien entendu, de la démagogie.

La Vertu[1]

La Vertu est une dimension essentielle du gaullisme originel. Le temps présent la requiert absolument. La Vertu en politique correspond à une attente de nos concitoyens dans la période de mutations drastiques, de crispation des tensions qui en résultent et de dilution des espérances individuelles et collectives.

La Vertu que porte le gaullisme a un contenu tout à la fois doctrinal et très concret. Sur le plan doctrinal, la « vertu gaulliste » est une éthique globale de la transcendance : transcendance de l'intérêt national et de l'intérêt général au regard des intérêts particuliers ; transcendance des valeurs qui rassemblent au service d'un intérêt national qui réunit plus largement encore ; relativisation des références doctrinales partisanes, des intérêts politiques catégoriels, des contingences sociologiques,

1. Par référence à Montesquieu et pour éviter l'effet de mode autour de l'« éthique ».

générationnelles et matérielles qui sous-tendent des clivages traditionnels de la vie politique française. Ces considérations sont prises en compte, mais elles sont subordonnées au service de l'intérêt général.

Référence supérieure d'une approche sublimée du service de la Nation, la « vertu gaulliste » a un contenu historique et référentiel tout aussi concret que son contenu doctrinal. Le contenu historique réside dans l'exemplarité scrupuleuse de son principal animateur historique à l'égard de valeurs telles que le désintéressement personnel, le courage, la discrétion à l'égard de tout ce qui ressortit au domaine personnel (famille, religion, etc.). Tout ce qui est susceptible d'affecter la pureté du caractère prépondérant de la mission – le service exclusif de l'intérêt supérieur de la Nation – est scrupuleusement, méthodiquement et spontanément négligé. Tel est l'exemple sans faiblesse donné par l'initiateur historique du gaullisme. Cette rigueur semble correspondre à une attente de nos concitoyens. Elle s'impose, comme une forme d'engagement éthique, à tout animateur d'une continuation des valeurs qui ont fondé le gaullisme.

Le Progrès

Le gaullisme historique comporte une forte aspiration au Progrès. Cette aspiration, pour générale qu'elle soit, suscite toute une série de questionnements particuliers en phase de crise longue. Ces questionnements sont un défi pour le gaullisme contemporain.

– Tout d'abord, le contexte de rareté budgétaire suggère des priorités budgétaires. Il exige sans doute la recherche de solutions de financement nouvelles, conciliables avec la neutralité qu'exigent les missions de l'État. Ici se situe une première série de questionnements et de propositions.

– Quel est l'apport respectif à l'union et au dynamisme national de l'éducation, de l'apprentissage et de la culture ? Comment en réguler le coût ? C'est là une deuxième série de questionnements et de propositions.

– Troisième axe de réflexion : quel rôle l'innovation et la recherche peuvent-ils jouer dans une économie en désindustrialisation structurelle et en décroissance ? Ce rôle semble essentiel. Comment le développer et le soutenir dans la durée, dans ce contexte budgétaire durable que l'on sait ? Comment donner toute sa valeur – notamment en termes d'exportations – au potentiel que recèlent les PME pour la Nation et les territoires ?

Portée et limites de quelques principes susceptibles de baliser une référence gaulliste contemporaine

Le gaullisme ayant, dans notre approche, été cerné comme une posture singulière au service de l'Intérêt national, dans le contexte d'un monde qui évolue, la définition des éléments constitutifs du gaullisme ne s'en trouve pas facilitée. Elle peut même apparaître sclérosante pour une action contemporaine qui se réclamerait du gaullisme.

Si les éléments constitutifs du gaullisme sont structurés par une exigence transcendante de l'Intérêt national, ces éléments sont tributaires de circonstances auxquelles ils sont subordonnés. Leur hiérarchie, comme leur contenu, peut ainsi évoluer. Les références clés d'une doctrine gaulliste sont entremêlées par la globalité de la réflexion et de l'action. Leur contenu est subordonné aux exigences d'une adaptation à un intérêt national, lui-même évolutif en fonction de circonstances externes qui en conditionnent l'épanouissement au service de l'intérêt général du plus grand nombre.

Ces limites méritent d'autant plus d'être rappelées que le gaullisme étant une posture au service d'une évolution permanente éclairée par la recherche de l'intérêt général au-delà des contraintes apparentes de l'immédiateté, une approche « intégriste » des quelques références érigées en mythologies intangibles serait antinomique avec le principe même du gaullisme. Il reste qu'il existe des références avec lesquelles le gaullisme ne transige pas et qui peuvent – avec la nécessaire circonspection qu'exigent les circonstances, par essence, variables – baliser toute action gaulliste.

Malgré les prudences que l'on vient d'exprimer et que le dynamisme même du gaullisme semble imposer, peut-on discerner quelques références clés susceptibles de caractériser l'intemporalité du gaullisme ? On s'y hasardera, dans le souci d'action qui caractérise notre démarche, tout en faisant naturellement un appel pressant aux contributions correctrices et aux enrichissements de chacun.

UNE POSTURE

Comme éléments essentiels de cette posture, citons pour mémoire : la volonté, l'énergie, l'audace, le refus de l'inéluctabilité des déclins, une exigence visionnaire dans l'analyse.

UNE MÉTHODE

Nous rappellerons ici le réalisme dû à l'égard des « choses telles qu'elles sont[1] » avec, pour corollaires, le pragmatisme et un étalement de l'action dans le temps. Cette attention aux

1. Citation récurrente dans l'œuvre du général de Gaulle.

contraintes de la gestion des choses n'exclut ni l'exigence de fulgurances initiales ni l'appel sans concession à la globalité de l'analyse et du contexte de toute action.

QUELQUES RÉFÉRENCES ESSENTIELLES

Il s'agit moins ici, dans la perspective d'action qui est la nôtre, de dégager des abstractions doctrinales que de susciter, dans leur globalité et leur interactivité, des recherches de solutions.

En complément de la posture et de la vertu gaullistes, on pourrait citer un certain nombre de références structurantes, de « balises » essentielles qui caractérisent le gaullisme, cela tant dans le gouvernement de la Nation qu'en position d'opposition et, donc, de préparation devant le peuple au retour de la gouvernance. L'énumération de ces références est tout à la fois évidente, difficile et ambivalente. À cela, plusieurs raisons qui contribuent, elles-mêmes, à caractériser le gaullisme.

– *Première raison* : ces références sont absolues et intemporelles par leur essence supérieure et contingente, dans la mesure où elles portent la marque des circonstances historiques dans lesquelles elles ont structuré le gaullisme.

– *Deuxième raison* : la pérennité de la pertinence de ces références en tant que balises de gouvernement peut être subordonnée à leur adaptation aux circonstances, exigeante, visionnaire, contrôlée et sanctuarisée par le peuple.

– *Troisième raison* : les références historiques essentielles du gaullisme s'inscrivent dans une globalité et une interactivité. Cette globalité et cette interactivité sont en permanence animées par les éléments constitutifs de la posture et de l'éthique qui sont les caractéristiques premières du gaullisme.

Ces caractéristiques globales et interactives au service de l'intérêt général ne facilitent pas l'identification du contenu, secteur par secteur, du gaullisme. Elles lui confèrent cependant une cohérence, une stabilité dans le mouvement et une exigence supérieure qui en font la force.

La difficulté de l'exercice réside dans le fait que leur caractère essentiel – et, donc, l'évidence des thèmes que l'on soulèvera – a jusqu'alors abouti le plus souvent, dans la gouvernance de la France, soit à leur ajournement en raison des difficultés qu'elles soulèvent ou des circonstances réputées inappropriées à leur évocation, soit à leur dilution dans des réponses partielles, ponctuelles et sans cohérence significative pour nos concitoyens. Est-il possible de transcender ces inerties ? L'ampleur et la simultanéité des défis et le recours à l'énergie du gaullisme doivent y inciter. C'est le sens des interrogations qui ponctuent les développements qui suivent.

La primauté de l'exigence de l'Intérêt national

Cette exigence n'est ni une abstraction ni une référence figée. Elle comporte des éléments transcendant les individus, structurants et évolutifs : l'État et la Nation. Toutefois, elle est attentive aussi à l'intérêt général, c'est-à-dire à celui exprimé par la volonté du plus grand nombre au service du plus grand nombre. Corollaire de ce qui précède : l'optimisation de l'organisation de l'État, l'importance de l'actualisation du renforcement des liens nationaux qui transcendent les individus, les communautés, les intérêts particuliers, les préférences partisanes et l'exigence démocratique… La recherche de la conciliation dans tous les domaines entre les exigences de l'Ordre et celles, dynamiques, du Mouvement, doit être permanente.

L'ordre institutionnel est exigé pour l'efficacité de l'action gouvernementale et la nécessaire dureté de l'expression de la souveraineté nationale. Son mouvement est tributaire des manifestations, par nature changeantes, de la volonté nationale. La recherche de pistes nouvelles dans l'harmonisation et le renforcement de l'expression respective de la volonté nationale, de celle des territoires et de celle du peuple français au sein d'une Union européenne inévitablement renforcée, y compris dans le cadre de délégations de souveraineté, est une piste obligée de réflexion.

Alors même que l'exercice de certains pouvoirs traditionnels de la Nation a pour vocation de s'exercer dans un cadre supranational, notamment européen, ne faut-il pas valoriser l'expression et la gouvernance des citoyens des territoires dans le cadre d'une organisation institutionnelle rationalisée et simplifiée entre l'échelon national et celui des territoires ? Les échelons territoriaux ne sont-ils pas restés exagérément nombreux et redondants ? Les administrations nationales ne sont-elles pas exagérément présentes au regard des compétences qui sont ou pourraient être celles des territoires dans un État que la Constitution proclame « décentralisées » ? L'État ne s'est-il pas trop désengagé – ou mal engagé – dans certaines de ses responsabilités de cohésion sociale et territoriale ? Le partage entre les ressources nécessaires au fonctionnement des missions étatiques et territoriales est-il satisfaisant ? Les dérives budgétaires de certains territoires peuvent-elles être mieux contrôlées sans remise en cause du principe de la décentralisation ? Comment concilier l'autonomie et la suffisance nécessaire des ressources des territoires avec l'harmonisation et le respect qu'implique l'appartenance à une nation unique ?

Ces interrogations n'ont rien de nouveau, mais elles conditionnent la vie quotidienne de nos concitoyens, l'efficacité de notre État, la tolérance de nos concitoyens à l'égard de son coût de fonctionnement et de ses animateurs politiques, à droite comme à gauche. Ces interrogations expriment une attente. En dépit de récentes expériences incomplètes, détournées ou mal perçues, l'importance de la Nation et de l'État dans les références gaulliennes devrait placer la recherche de solutions courageuses, nouvelles, réalistes et équilibrées pour les territoires au cœur de tout projet de gouvernance.

Le rôle de l'État

– Le contexte international déplace les enjeux du niveau de l'État national vers celui des ensembles *supra*-étatiques. La réalité de ce contexte nouveau doit-elle être prise en compte dans la nécessaire et urgente action concernant les compétences nationales, européennes et internationales, ainsi que la subsidiarité entre l'international ou le supranational, entre ce qui ressortit à la Nation et ce qui ressortit aux compétences des territoires ? Une telle préoccupation n'exige-t-elle pas une certaine relecture de la Constitution sur certains chapitres ?

– Les exigences d'efficacité et de coût ne suggèrent-elles pas des propositions sur le rôle de l'État ? Le nécessaire renforcement de l'autorité de l'État face aux forces centrifuges des contraintes internationales, du développement des intérêts particuliers dans la sphère nationale et de l'impératif de la prise en compte du coût de l'action de l'État n'implique-t-il pas une modification du périmètre de l'action de l'État ? Une telle interrogation est-elle iconoclaste ou nécessaire au regard des références gaullistes concernant l'importance de l'État ? Quels seraient les contours « gaullistes » d'une réflexion – forcément tournée vers l'action – sur un tel sujet ?

Le prestige et l'efficacité de l'État impliquent-ils une modification des moyens d'action de l'État ? L'autorité de l'État est-elle exclusive du recours à l'expérimentation et à la concertation préalable entre partenaires citoyens, sujets de l'action de l'État ? L'évaluation réelle et sincère de tous les coûts, comme des résultats des actions, de l'État n'est-elle pas une ardente obligation pour le gaulliste du XXIe siècle ?

La souveraineté du peuple

Mais l'élément le plus décisif de la vertu gaulliste est le respect absolu de la transcendance du peuple souverain. Le peuple est juridiquement et politiquement souverain (article 3 de la Constitution de 1958). Il est au centre de tout. L'éminence du peuple souverain oppose fondamentalement le gaullisme à la démagogie et au populisme. Le gaullisme refuse de susciter des espérances irréalistes. Il refuse la désignation de boucs émissaires (les « autres », les « différents », les minorités, les communautés, les « riches », les « assistés », la « finance internationale »...) comme substituts à l'action politique en faveur du plus grand nombre et au service de l'intérêt supérieur de la Nation.

Le gaullisme aspire à rassembler.

Le gaullisme se doit de servir le peuple souverain en donnant un contenu concret et des perspectives de progrès au « vouloir vivre ensemble ». Il respecte les différences et aspire à les sublimer par l'adhésion à des valeurs supérieures, non à les opposer et à les fragiliser par la contrainte.

Le respect gaulliste de la noblesse et de l'éminence du peuple souverain exige la recherche de conciliation entre les aspirations majoritaires, le respect des oppositions et des singularités, d'une part, et le réalisme des solutions proposées en fonction des possibilités offertes par le contexte, d'autre part. Ces exigences politiques quotidiennes doivent être harmonisées avec la satisfaction de l'intérêt supérieur de la Nation qui – sous le contrôle du peuple qui s'exerce notamment aux échéances électorales – transcende les aspirations immédiates du peuple. Cette exigence peut provoquer l'impopularité temporaire des gouvernants, car elle implique une vision et une exigence au service de l'intérêt général, qui transcendent les intérêts particuliers et leurs manifestations temporaires. Cette vision et cette exigence peuvent entraîner des distorsions avec les perceptions et les volontés immédiates du peuple. Néanmoins tout est subordonné à la souveraineté du peuple dans le respect d'une Constitution qui en facilite l'expression directe en même temps qu'elle la régule dans le temps. C'est le peuple qui élit, délègue temporairement et sanctionne régulièrement. Car, dans le gaullisme, le peuple est toujours effectivement souverain. La mission d'une gouvernance gaulliste est de faire tendre cette souveraineté vers le service de l'intérêt général de la Nation tout entière. Le peuple étant souverain, il peut, à échéance régulière, sanctionner ce qu'il peut considérer comme l'échec de cette ambition, voire la non-adéquation de la gouvernance à sa propre conception de l'intérêt général. Il l'a fait en 1946. Il l'a fait en 1969.

Mais la souveraineté du peuple est indissociablement liée à l'appartenance à la Nation de chaque citoyen qui l'exprime. À certaines conditions[1], la Nation française n'est pas une Nation fermée. Elle a toujours été – et doit rester – largement ouverte aux apports extérieurs qui l'enrichissent, la diversifient et la dynamisent. Toutefois, l'expression de la souveraineté par les citoyens ne se partage pas, ne se distille pas, ne s'effeuille pas. Par définition, la souveraineté populaire est nationale. Les non-nationaux ne peuvent y participer. Une telle participation,

---

1. Faut-il redéfinir ces conditions ? Connaissance de la langue ? Connaissance minimale de l'histoire de la République et des valeurs nationales ? Engagement à faire prévaloir, dans la vie publique, la Liberté, l'Égalité et la Fraternité sur les valeurs de la communauté initiale d'appartenance ? Solennisation accrue de la demande d'appartenance à la Nation ?

fût-elle limitée, serait contraire au principe et à la définition républicaine de la Nation et de la souveraineté populaire. Elle serait dangereuse au regard de la prégnance de certaines influences non nationales sur certains membres de communautés. Limitée à certains scrutins, notamment locaux, elle ne serait pas en contradiction avec le principe d'une décentralisation inscrite dans la Constitution et appelée à se renforcer et se structurer en cohérence et en compensation avec la prégnance accrue de certaines décisions européennes.

Quelques interrogations gaullistes dans des secteurs clés

L'ÉCONOMIQUE ET LE FINANCIER

L'approche gaulliste est respectueuse de l'énergie des initiatives individuelles et des marchés qui conditionnent la croissance économique, aussi nécessaire à l'existence internationale qu'à la cohérence sociale interne de la Nation. Pour autant, le volontarisme et la régulation sont aussi des références gaullistes en matière économique et financière. Quels sont les contours souhaitables des équilibres entre ces deux ambitions dans le contexte des désordres structurels issus des dysfonctionnements de la mondialisation telle qu'elle se développe actuellement ?

La conciliation de l'Ordre et du Mouvement a-t-elle aussi sa place dans le domaine économique et financier ? La recherche d'un équilibre entre la maîtrise budgétaire, d'une part, un rôle moins omniprésent, mais renforcé de l'État autour de ses missions régaliennes, d'autre part, et la nécessité d'une croissance économique au service de l'équité sociale sont-elles des utopies ? La fiscalité française doit-elle être refondée en profondeur dans un contexte marqué par l'appauvrissement des classes moyennes, l'enrichissement des plus aisés, l'affaiblissement de la croissance, ainsi que par des différentiels pénalisants avec nos partenaires internationaux ? Les objectifs de compétitivité de croissance, d'harmonisation et d'équité s'imposent avec une exigence apparemment comparable. Les conséquences sociales des nouveaux impératifs budgétaires et celles générées par certaines inégalités fiscales imposent-elles ou non la recherche d'une équité fiscale nouvelle ?

Comment concilier les voies et moyens d'une maîtrise budgétaire qui semble devoir être, d'une part, nécessairement exemplaire, ne serait-ce qu'en raison du coût de la dette et des exigences internationales, et, d'autre part, forcément raisonnable en raison des impératifs nationaux de croissance et d'équilibre social ?

Comment discerner et réduire les coûts budgétaires excessifs ? Comment concilier cet objectif avec l'amélioration de la compétitivité de l'économie nationale, l'harmonisation raisonnable des politiques budgétaires, économiques et sociales européennes, le respect des attentes des citoyens en matière de protection sociale globale et d'équité – et cela dans le cadre d'une économie qui ne génère plus la croissance qu'exigeait le « modèle social français » ? Comment promouvoir l'établissement volontariste d'une égalité citoyenne, en fonction des talents et du travail de chacun ?

Ces interrogations constituent sans doute des lieux communs. Les réponses à y apporter sont cependant des exigences nationales et gaulliennes autant qu'électorales dans la perspective d'une élection présidentielle. Force est de constater que les réponses pertinentes de nature à susciter un élan citoyen font actuellement défaut autant à droite qu'à gauche.

– Comment concilier l'équilibre que le gaullisme a toujours voulu établir entre la liberté d'entreprendre, l'incitation à l'action de tous les acteurs économiques et financiers, le respect de la dynamique des marchés, l'exigence déterminée et prompte du rôle régulateur de l'État en cas de besoin, la référence éthique, décisive pour la cohérence nationale, à l'équité et à la participation devant la création (mais aussi la diminution) de richesses ? L'appel à des solutions gaulliennes dans ces domaines est là encore une nécessité nationale autant qu'électorale.

– La crise de l'euro témoigne moins des faiblesses économiques et monétaires de l'Europe que de l'absence de gouvernance concrète qu'implique absolument toute monnaie commune. Le temps n'est plus à dire oui ou non au traité de Maastricht. Notre monnaie est désormais unique. Quelles pourraient être les étapes réalistes vers une telle gouvernance ? Quels sont les sujets de clivage avec l'Allemagne susceptibles d'être surmontés dans les délais très brefs qu'implique la crise ? Quels sont les risques de la tentation du renvoi à des accords ultérieurs qui pourraient ne pas être ratifiés et, donc, voués à l'échec ? Quels sont les risques de l'omission des procédures démocratiques et de l'omission de la nécessaire adhésion des peuples dans le processus de sauvetage de l'euro ?

Une mutualisation contrôlée et sous condition des dettes, un rôle accru de la Banque centrale européenne sont-ils envisageables ou souhaitables ? Comment harmoniser de manière réaliste et sanctionnable les politiques budgétaires sur la base d'une ambition de réduction progressive, visible et substantielle des déficits ? Comment réduire les écarts de productivité dans des conditions acceptables pour les partenaires sociaux des différents États membres ? Certains États peuvent-ils s'engager très vite dans ces actions marquées par le sceau d'une attente et d'une urgence absolue ? Une action simultanée des 17 de la zone euro est-elle indispensable et réaliste compte tenu de l'urgence ? Doit-elle, en toutes circonstances, être étendue aux 27 de l'Union européenne ? Est-il possible d'initier les actions concrètes qui conditionnent l'existence politique et économique de l'Europe et, donc, des nations qui la composent autour d'un plus petit nombre d'États en évitant la critique d'une « gouvernance franco-allemande » ? Une révision des traités est-elle indispensable ? Quels en seraient les risques ?

On connaît les questions. Cependant, à gauche comme à droite, les réponses susceptibles de faire progresser, avec quelque chance de succès, un dialogue européen enlisé dans les oppositions doctrinales, les héritages historiques et les intérêts nationaux à court terme alimentent une spéculation qui menace la pérennité de l'euro et donc de l'Europe et, *a fortiori*, les nations qui la composent.

Quel serait alors les coûts réels d'un abandon de l'euro et donc de l'Europe ? Une France seule pourrait-elle avoir une existence tangible à l'échelle du monde ? L'ambition française ne passe-t-elle pas désormais par une Europe plus intégrée ? C'est la question essentielle de notre temps. Elle est éminemment gaullienne et une contribution gaulliste sur ce sujet s'impose.

LA SOCIÉTÉ, LE SOCIAL ET LA PARTICIPATION

L'impératif social est plus ardent encore en période de crise qu'en phase de croissance. Les voies et moyens d'en assurer l'efficacité à un coût équitable pour la Nation tout entière sont plus étroits. L'objet comme l'ampleur de ce défi ne peuvent pas ne pas influer sur la genèse de tout projet pour la France qui se voudrait inspiré par une référence au gaullisme.

L'égalité des citoyens, la liberté, l'effectivité de la protection sociale tout au long de la vie et des parcours professionnels, la participation de tous aux fruits de la croissance (ou celle redistribuée du fait des conséquences de la décroissance) sont des ressorts essentiels des valeurs du gaullisme. Ces références appellent plusieurs interpellations contemporaines :

– Comment l'équité peut-elle s'opposer aux communautarismes et à la prégnance accrue des intérêts particuliers ?

– Comment éviter que l'égalité ne soit battue en brèche par les distorsions sociales et fiscales grandissantes, notamment au détriment des classes moyennes ?

– Comment réduire l'impact sur l'égalité de la réduction des sécurités sociales qui sont la marque du modèle social français ?

– Comment l'égalité doit-elle respecter la liberté et le dynamisme d'entreprendre ?

– Comment favoriser dans l'égalité les fortes attentes des citoyens concernant leur aspiration à entreprendre, ainsi que l'expression et la reconnaissance de leurs différences de toute nature ?

– Comment concilier les aspirations contraires de nos concitoyens à l'individualisme et à l'égalité ?

Dans tous ces domaines aussi, comment concilier l'Ordre et le Mouvement ?

– Comment favoriser l'ordre naturel du peuple rassemblé dans les diversités de ses racines historiques et de ses cocons protecteurs naturels (la Nation, la famille, le travail, les territoires) avec le mouvement des différences ethniques, religieuses, sociologiques, démographiques ?

– Comment assurer le dynamisme économique qui repose sur un équitable profit avec la nécessaire solidarité ?

– Comment garantir le dynamisme de l'égalité des chances en conciliant cette ardente obligation avec les coûts qu'impliquent les différentes politiques qui y contribuent et qui sont nécessaires à une cohésion nationale fragilisée par la crise ?

– Comment garantir, dans une société de libertés, la cohésion nationale contre les tentatives de captation des pouvoirs de la Nation par certaines minorités (partis politiques, élites économiques et financières, castes issues de certains corps, héritiers de richesses qu'ils n'ont pas eux-mêmes constituées) ?

Le gaullisme consiste aussi à ne pas négliger ces questions qui prennent une acuité particulière en période de crise durable (ou de gestation longue de transformations structurelles), qui génèrent de fortes impatiences sociales, voire des risques de réactions brutales inspirées par un croissant sentiment d'injustice.

L'ENVIRONNEMENT ET L'ÉNERGIE

La préoccupation écologique semble essentielle pour un gaullisme contemporain dès lors que le cadre naturel participe éminemment à la richesse de la Nation et de ses territoires. Il en constitue l'un des capitaux prépondérants. Quelles sont les pistes réalistes et quel est le coût de la préservation des environnements de toute nature qu'il convient de protéger prioritairement ?

– Quels sont les apports, les limites et les coûts réels des énergies renouvelables, y compris en termes de contribution à la recherche de nouveaux ressorts de la croissance ?

– Comment un pays comme la France, leader mondial dans le secteur, peut-il réguler et sécuriser le recours à l'énergie nucléaire ? Quels seraient – ne serait-ce que dans un souci de pédagogie – les coûts réels, de toute nature, y compris environnementaux, d'un retrait progressif d'une filière nucléaire renouvelée (EPR) ? Quels sont les inconvénients réels du maintien de cette filière ?

L'INTERNATIONAL, L'EUROPE ET LA FRANCE DANS LE MONDE

Il s'agit évidemment d'une référence majeure du gaullisme historique qui a fait de la valorisation du positionnement de la France dans le monde l'une des références majeures de son histoire. Les éléments constitutifs de ce système sont cependant bouleversés par le développement de la mondialisation. La mondialisation a fait émerger des puissances nouvelles à dominante économique et financière dont certaines ont pour cadre de grands États, certains anciens (États-Unis, Chine, Russie), d'autres dits « émergents ». La mondialisation a parallèlement généré des structures financières ou économiques, non étatiques, multinationales et d'une puissance – dans leur secteur – souvent très supérieure à celle des traditionnels États-nations. Cette mutation rapide et décisive induit-elle un changement dans l'échelle des puissances qui contraint la France à exister au sein du groupe *supra*-étatique auquel elle appartient : l'Europe communautaire et la zone euro ? Est-ce une fatalité ou une opportunité ?

– L'achèvement, dans certains domaines, de l'Europe vers une voie fédérale constitue-t-il la solution à la crise et à la pérennité de la réalité des nations européennes ? Quel devrait être le rôle des représentants – voire directement des peuples européens – dans un tel processus, qui les concerne au premier chef ? Quelles pourraient être les pistes d'une adaptation des traités qui semble s'imposer ? Ces pistes sont-elles compatibles avec les impératifs d'urgence qui s'imposent à l'évidence ? Des solutions fédérales sont-elles indispensables dans tous les domaines ? Un renforcement du rôle des territoires dans les processus communautaires n'est-il pas nécessaire dans certains domaines ? Une nouvelle définition et une sanctuarisation non forcée du principe de subsidiarité ne s'impose-t-elle pas ?

– Au-delà de l'ancrage à l'Europe, quels sont les voies et moyens pour valoriser à l'international les richesses de la réalité française : sa position géostratégique exceptionnelle, l'ampleur de son territoire maritime, le savoir-faire national dans des secteurs tels que l'eau, les travaux publics, le nucléaire, l'aéronautique et l'automobile, les infrastructures, les possibilités de son réseau de PME innovantes, la richesse de la francophonie ?

Comment concrétiser les apports particuliers de la défense nationale française (dissuasion, porte-avions, etc.), malgré certaines lacunes (drones, défense antiaérienne élargie), avec la mise en place d'une existence européenne en matière de défense (interopérabilité, spécialisation, allongement des séries, etc.) ? Une telle existence peut-elle être – et à quelles conditions – une source de réduction des coûts de la Défense ? N'est-elle pas nécessaire à l'autonomie politique, à la sécurité et au rôle mondial auquel l'Europe doit prétendre ? À quelles conditions pourrait-elle le devenir ?

– Comment renforcer, à l'échelon européen, les ambitions de la politique internationale française traditionnellement respectueuse des réalités nationales, mais intransigeante sur les aspirations des peuples à la sécurité de ses ressortissants, comme à celle des approvisionnements et des intérêts vitaux de la France ?

– Comment favoriser l'émergence d'une certaine gouvernance mondiale plus équitable, plus respectueuse des réalités étatiques et dotée des moyens de régulations qui s'imposent dans le domaine des marchés, de la prévention des conflits, de la résorption active de la pauvreté, de la défense des droits de l'homme, de la promotion des droits sociaux, de la préservation de l'environnement et de l'action contre les terrorismes, les trafics illégaux et les organisations maffieuses à l'échelle internationale ?

Le gaullisme en réponse à la crise

La mutation du monde, ou si l'on préfère « la crise », est devenue le contexte obligé de toute politique nationale. Le caractère radicalement nouveau, l'importance et l'urgence des enjeux affectent les références, les certitudes et les espoirs sur lesquels nos concitoyens avaient fondé leur vie et leur avenir.

Cette situation appelle le recours à des ressorts d'action profondément renouvelés. La référence à ce qui constitue le socle intemporel du gaullisme ne pourrait-elle pas constituer un apport utile – et, confusément, attendu par la majorité de nos concitoyens – dans une vie politique nationale tétanisée par l'ampleur des enjeux et engluée par des synthèses techniques ponctuelles et à court terme qui sont, en outre, le plus souvent, idéologiquement sectaires, inadaptées aux enjeux et non consensuelles ?

Les caractéristiques majeures du gaullisme sont marquées par le refus du déclinisme, le primat de l'action et de l'audace, la globalité de l'analyse, la synthèse entre l'Ordre et le Mouvement au service de l'Intérêt national, l'esprit d'ouverture, l'exigence d'équité. Puissent ces propositions, secteur par secteur, contribuer à participer à l'avenir de la France, à la pérennité de son rayonnement et au bonheur de nos concitoyens.

Première partie

FONDEMENTS ET RÉFÉRENCES

L'esprit du gaullisme

par Roger Karoutchi et Jacques Legendre

> « Puisque tout recommence toujours, ce que j'ai fait sera, tôt ou tard, source d'ardeurs nouvelles, après que j'aurai disparu. »
>
> Charles DE GAULLE, *Mémoires de guerre.*

Parce que nous partageons « une certaine idée de la France que le sentiment inspire aussi bien que la raison » et que notre pays est confronté une fois de plus aux défis d'un monde en pleine mutation, nous ressentons la nécessité d'affirmer les valeurs qui fondent notre action.

Une anxieuse inquiétude traverse la France. Serait-elle trop petite pour faire face aux menaces de l'heure ? Non. Certes, de nouvelles puissances émergent ou retrouvent leur place et entendent peser de toute leur jeune vigueur. Toutefois, dans cet univers nouveau, la France reste un pays considérable. Son siège permanent au Conseil de sécurité de l'ONU, sa force de dissuasion nucléaire garantissent encore sa liberté de décision. Et surtout elle n'est pas seule. Elle a de puissants et nombreux alliés dont elle est proche géographiquement, culturellement et dont elle partage les valeurs.

La France est d'abord un acteur essentiel de la construction européenne. Construire un espace de paix sur un continent ravagé par deux guerres mondiales est un objectif essentiel et permanent. Cette construction ne peut se faire qu'à partir des nations européennes et dans le respect de l'identité des peuples d'Europe, car il n'y a pas encore de peuple européen. La France est un acteur de l'histoire ; l'Europe peine à le devenir. La France ne doit pas abdiquer son rôle, mais elle doit vouloir que l'Europe soit une puissance en devenir.

Et notre pays n'est pas seulement européen. Il est présent sur tous les continents par ses départements et territoires d'outre-mer. Il partage sa langue avec beaucoup d'autres pays qui furent jadis territoires français ou qui ont développé avec nous des échanges culturels fructueux. Cette communauté de langue nous permet de dialoguer en français avec de nombreuses cultures et fonde notre volonté, au sein de la francophonie, de promouvoir la langue française, mais aussi de défendre la diversité culturelle et linguistique. L'Europe et la francophonie sont deux ensembles essentiels à notre inscription dans le monde du XXIe siècle.

Ouvert sur le monde, notre pays est évidemment traversé par des échanges économiques, culturels, humains intenses. Toutefois, la France n'est pas un simple territoire d'accueil et de résidence où l'on s'installe sans condition particulière. La France est le territoire où vit le peuple français, qui n'a aucune revendication territoriale, mais qui a le droit de vivre libre chez lui et dont les citoyens constituent une nation. Être français est un choix, un « plébiscite permanent », comme disait Michelet. Les Français ont en partage une langue, une histoire, une Constitution. Pour être citoyen et participer aux décisions qui engagent le pays, il faut avoir la nationalité française. La France accorde sa citoyenneté aux étrangers qui la demandent et apportent la preuve que la durée de leur résidence chez nous, leur connaissance de notre langue et de nos règles de vie le justifient. Quant aux étrangers entrés légalement sur notre territoire et qui ne souhaitent pas acquérir notre citoyenneté, ils doivent bénéficier pleinement de la protection de nos lois et être chez nous traités avec respect. Nous n'admettons pas que notre pays se fragmente en une mosaïque de communautés, car la France est un État-nation, mais cet État-nation est au service de l'homme. Nous n'oublions pas que le seul combat qui vaille est le combat pour l'homme. Nous voulons assurer à tous les Français le plein développement de leurs capacités en assurant une réelle égalité des chances par l'école et la démocratisation de l'enseignement. L'égalité des chances et de l'accès aux responsabilités s'entend, bien sûr, pour les hommes *et* pour les femmes.

La citoyenneté ne peut pas non plus être limitée ; être consulté, être participant à une ambition professionnelle commune est une exigence légitime : nous l'appelons participation. Dans le monde qui se dessine, la participation ne va pas de soi. Le laxisme, voire la démagogie, conduit à des dérèglements qui poussent à la mise en tutelle de certains États. La construction de grands systèmes, en Europe comme au niveau mondial, risque de dessaisir les citoyens de leurs pouvoirs et, donc, de leurs responsabilités.

Pour nous, il est plus que jamais nécessaire que soit restauré le rôle de l'État. Plus que jamais, il faut affirmer que « la politique de la France ne se fait pas à la corbeille ». La démocratie ne peut pas céder devant l'oligarchie. Nous avons jadis livré combat à tous les totalitarismes, à l'extrême gauche comme à l'extrême droite. Nous devons rester vigilants, car la menace peut vite resurgir dans cette période de crise économique, mais aussi morale.

Nous devons à nouveau appeler au rassemblement pour la souveraineté de notre pays dans le cadre de ses engagements européens et internationaux, pour la démocratie, pour la République, pour la construction d'une Europe en paix et d'un monde composé de nations respectées et pacifiques, engagées dans la voie d'un développement durable. Ces objectifs, ces combats furent jadis ceux des gaullistes et du général de Gaulle. Ils sont plus que jamais d'actualité.

Aujourd'hui, à la veille de grands choix nationaux, nous rappelons avec force notre engagement gaulliste plus que jamais nécessaire pour que l'ensemble des Français retrouve foi en l'avenir de notre pays. À nous de provoquer le sursaut, de relever les défis. Oui au XXIe siècle : la nation, la République, la France ont plus que jamais du sens !

Quelle nation, quel État, quelle République pour les Français demain ?

Depuis plusieurs années, sinon plusieurs décennies, les discours de nos hommes politiques évitaient d'évoquer la nation, la patrie. Dans une période marquée par la globalisation, la mondialisation, beaucoup considéraient que les seules vraies réponses étaient l'Europe ou l'ouverture mondiale de nos entreprises avec le partage du travail, les délocalisations, etc. La France paraissait trop réductrice, trop étriquée pour faire face aux véritables défis du monde actuel. On a ainsi confondu modernité et oubli des valeurs nationales, évolution et négation de tout ce qui avait fondé la République, en dehors de quelques valeurs quasi mythiques comme la laïcité et la solidarité. Ces fondements n'étaient plus clairement respectés ou définis, mais ils permettaient de faire de l'incantatoire, sans que l'on ne sache plus très bien ce que voulaient vraiment les citoyens français. Les campagnes présidentielles, à gauche comme à droite, ont alors joué plutôt sur le pouvoir d'achat, le chômage, l'exclusion, la fracture sociale.

Tous ces thèmes sont évidemment essentiels, mais ils ont occulté le fondement majeur de l'engagement de chacun et l'inquiétude sourde du peuple français : qui sommes-nous ? Quel est notre devenir ? La France, n'est-ce que ce territoire finalement exigu comparé aux États-Unis, à la Chine ou à la Russie ? Avons-nous encore un avenir commun en France après un passé glorieux ? Ne pouvons-nous espérer un futur que fondus dans un ensemble plus large qui rognerait nos compétences, nos pouvoirs, nos initiatives ?

Les Français veulent une république citoyenne respectant chacun. Les Français veulent qu'on leur rende la République, qu'on leur rende leur France. Enfin une vision enthousiaste d'une France porteuse d'espoirs et véritable matrice de valeurs collectives qui fondent l'idéal républicain ! Enfin une volonté forte de restaurer la nation, le modèle national. Car le modèle national est le seul capable de servir de référence à une meilleure intégration, à une mobilisation et à une conscience collective des efforts à faire pour redresser la situation de notre pays ; c'est le seul qui puisse donner à notre jeunesse un véritable avenir. Oui, et c'est la grande et belle nouvelle en ce début du XXIe siècle : l'idée France revient !

La France s'est construite autour de la nation fondée sur le critère de l'appartenance, et non sur celui du sang. Elle reconnaît le droit de tous les Français à participer à la définition du destin de la nation française. Une nationalité n'existe que dans la mesure où ceux qui en sont membres ont conscience de lui appartenir et manifestent leur volonté de perpétuer sa durée. Pas de République sans nation, parce que l'idée de nation fonde et légitime un système d'obligations réciproques, elle constitue le substrat du lien social : c'est l'obligation qui, par ailleurs, entraîne l'implication et la mobilisation des citoyens. La nation demeure le cadre privilégié d'exercice de la République, de la démocratie politique, un cadre de références si familier qu'il paraît aller de soi : entre l'individu et l'universel, c'est jusqu'à nouvel ordre le cadre national qui joue le rôle du cadre de référence le plus proche.

L'appropriation de la mémoire collective joue un rôle essentiel dans le développement de l'identité nationale. Se socialiser, c'est apprendre à s'en remettre à la mémoire des autres. Chaque Français se sent triste, blessé, humilié, en colère, quand la France n'est pas à la hauteur de son passé, quand la France déçoit les espoirs que tant de peuples ont mis en elle, quand la France au fond n'est pas assez la France. La France est pour chacun de nous un repère, une référence et une identité. Elle est la condition *sine qua non* du « vivre-ensemble ».

Le patriotisme français manque d'une bonne conscience civique collective. Le terme « patrie » renvoie à une relation sentimentale envers le territoire habité. Sous l'Ancien Régime, ce terme désigne la terre des pères, puis le territoire royal qu'il faut aimer, défendre et pour lequel il faut éventuellement mourir. Au XVIIIe siècle, son contenu est lié au bonheur et à la liberté ; « il n'y a pas de patrie dans le despotisme », écrit alors La Bruyère. Pendant la Révolution, la patrie devient le lieu où s'exerce la souveraineté nationale, où règnent les droits de l'homme et où chacun doit trouver liberté et bonheur. Par la suite, ce vocable sera associé aux valeurs de démocratie et de liberté, puis instrumentalisé par le régime de Vichy, ce qui lui ôtera tout droit d'évocation. Pourtant, l'extrême droite ne doit pas avoir le monopole de la patrie. La patrie n'est autre qu'une communauté d'idées, d'affections, de souvenirs et d'espérances.

Pour se construire et légitimer son existence, notre République s'est appuyée sur les idées de nation et de patrie. Elle n'a octroyé sa citoyenneté qu'à ceux faisant partie de la nation, définie par un territoire, ou ayant la volonté d'en faire partie et qui acceptaient de défendre l'intégrité de la patrie. Cette conjonction de droits et de devoirs envers la défense de l'unité nationale a permis à chacun de se reconnaître comme membre à part entière du corps national et de partager en son sein les mêmes souvenirs et les mêmes espérances.

Trop nombreux sont aujourd'hui les Français à avoir « mal à la France ». Le Français semble fâché avec lui-même, avec tout ce qui fait sa spécificité d'être ce qu'il est : un citoyen de France. Répudier la France et tout ce qu'elle incarne (histoire, exception culturelle, francophonie) est devenu une mode, et une mode périlleuse qui se caractérise par son aversion pour le patriotisme, dans la mesure où les Français rejettent cet amour pour le territoire qui rassemble la collectivité ; ce désamour, on pourrait presque le qualifier d'« apatriotisme ».

À force d'observer, incrédules, la chute de son pays dans les classements internationaux dans les domaines économique, social, éducatif et de la recherche ; à force de voir ses meilleurs cerveaux quitter le territoire ; à force de s'apercevoir que ses responsables politiques ne défendent plus avec vigueur la France, qu'ils éprouvent quasiment une honte à déclarer publiquement tout sentiment de fierté à son égard ; à force de voir son pays dénigré, caricaturé, ringardisé, le Français en vient à ne plus croire à l'existence de cette conscience nationale. Il cherche des échappatoires dans une mondialisation qui ne peut répondre à cette question existentielle : « D'où est-ce que je viens ? » et qui alimente les peurs concomitantes à la désaffiliation d'une communauté de destin.

Cette crise du sentiment national est plus lointaine. La posture de certains écrivains depuis les années 1920 s'est traduite par des critiques véhémentes dont l'objectif était la démolition systématique des grandes figures de l'histoire nationale, au nom d'un internationalisme béat qui ne disait pas son nom. Par la suite, au nom du principe de réalité, certains ont considéré comme plus porteur de réduire le véritable message de la France.

L'action réformatrice de certains responsables politiques, sous couvert de modernisme, a participé à la dévalorisation du sentiment national. Parfois, cela part d'un bon sentiment : trop de jours fériés ? Remettons alors en cause le lundi de Pentecôte. Une *Marseillaise* trop guerrière ? Ralentissons-la. Ce sont de vrais problèmes, mais ces solutions peuvent heurter les sentiments profonds des Français.

Toute la force de la République est d'être un socle de références et d'imaginaires partagé collectivement, un modèle d'assimilation dans lequel chaque individu qui défend la patrie et en ressent toute la fierté y a sa place. La concrétisation de ces valeurs partagées réside dans la citoyenneté républicaine, véritable identité nationale. La transmission de l'identité nationale est affaire d'État, qui l'organise autour de certains enseignements, de certains rituels. Car il y a bien des « maîtres symboles » : hymne national, drapeau, lieux, dates. Leur petit nombre favorise leur mémorisation ; leur centralité leur confère un pouvoir de condensation de données plus nombreuses et beaucoup plus complexes ; leur ambivalence fait que, derrière une prétention permanente à l'objectivité, ils peuvent embrasser des acceptions difficilement conciliables.

La réécriture de l'histoire de France : autoflagellation et crise du sentiment patriotique

Depuis quelque temps, l'idée se précise que, face à des événements dramatiques qui ont fortement marqué certaines époques de notre vie nationale, une parole officielle doit s'élever, soit simplement pour en prendre acte, soit pour les condamner, soit plus insidieusement pour en « réécrire » partiellement ou partialement le contenu, sans que la loi écrive l'histoire. Cette entreprise provoque chez le Français questionnement et interrogations, au point qu'il finit par se demander s'il possède bien encore quelques piliers solides sur lesquels s'appuyer pour étayer sa fierté nationale. En prouvant que tout un chacun est misérable, on crée dans l'opinion une détestation chronique et une tendance néfaste au dénigrement. Notre pays doit avoir la force de regarder aussi objectivement son histoire et, dans certains cas, comme l'a fait Jacques Chirac en 1995, pour l'anniversaire du Vél' d'Hiv', avoir le courage de la reconnaissance. Pour autant, la condamnation ou le refus global de tout ce qui s'est fait n'a aucun sens et finit dans le doute, le découragement et l'incapacité de définir un avenir commun, puisque nous ne sommes pas capables de partager un passé commun.

Pour une francophonie conquérante

Du respect de notre langue naîtra la capacité à la protéger. Pour parler français, il suffit d'aimer la France et de nourrir pour elle une ambition nationale et internationale. Depuis plus de trente ans, la francophonie, espace géographique réunissant 53 États et 10 pays observateurs sur les cinq continents, multiplie les structures institutionnelles, tout en perdant du terrain auprès des populations, y compris dans les anciens territoires français. Nous appelons ainsi la France à participer à la construction d'un espace francophone de solidarité et de coopération, recentré sur la défense et la promotion du français, particulièrement au sein des institutions européennes où se joue, précisément, l'avenir du français, langue universelle.

Le premier objectif est politique : nous n'avons plus de politique stratégique de la langue française. La mondialisation, vue à travers le prisme de la culture, pose d'immenses défis, notamment identitaires. Nous devons y répondre et satisfaire les attentes de nombreux peuples inquiets d'une uniformisation linguistique et culturelle stérilisante. Nous devons, en outre, apporter un soutien continu aux vecteurs de communication que sont l'Internet et l'audiovisuel.

Le deuxième objectif est financier : face aux moyens déployés par nos concurrents, notamment anglo-saxons, il nous faut augmenter l'ensemble des crédits alloués à la francophonie, en réclamant à nos partenaires membres de l'Organisation internationale de la francophonie des apports supplémentaires en vue de mutualiser un plan d'action renforcé. Il nous faut, en outre, abonder les crédits publics consacrés à l'enseignement français à l'étranger, qui sont sous-financés, alors même que le réseau d'enseignement est en progression en Europe et hors d'Europe.

La nation, garante de la solidarité

La solidarité nationale doit être au fondement d'un nouveau contrat social. La relation d'obligation/implication qui fonde le lien national a déterminé, dès l'origine, c'est-à-dire dès la Révolution française, l'existence de droits sociaux et de valeurs sociales, dont la solidarité. C'est parce que les citoyens sont prêts à mourir pour la patrie que celle-ci a une dette à leur égard. La solidarité est de nature politique et sociale : les Conventionnels ont mis en place une assistance publique, fondée sur un système élaboré de secours aux familles des défenseurs de la patrie, qui manifeste clairement la dimension historique fondatrice de l'État providence. Il en résulte que l'État providence est inséparablement lié à la citoyenneté et, par là même, encastré dans l'État-nation, lequel lui confère sa légitimité et son cadre d'exercice, pour en recevoir à son tour les manifestations tangibles et concrètes du lien d'appartenance et de solidarité nationale. Il est aujourd'hui impossible de préserver l'État providence sans « refaire nation », c'est-à-dire sans revivifier le socle civique sur lequel s'enracine la reconnaissance d'une dette sociale mutuelle. Car à celui qui n'a rien, la nation n'est-elle pas son seul bien ?

Oui à la communauté française !
Non aux communautarismes !

Ces dérives ne trouvent aucune justification dans la considération d'un quelconque intérêt général, mais semblent dictées par la seule défense d'intérêts catégoriels. Cela donne en définitive un drôle de spectacle aux jeunes générations. Comme l'écrit l'ancien membre du Conseil constitutionnel, le professeur Jacques Robert, « ce n'est pas en se livrant, dans des chasses macabres qui ne les amusent plus du tout, au dénigrement systématique de nos gloires nationales, au viol permanent de nos principes essentiels, à la mise en accusation constante de nos institutions, à la réécriture partiale d'une Histoire dont nous devrions être fiers globalement, que nous intéresserons les jeunes à nouveau à la vie politique et à la défense de la patrie ».

Un des problèmes majeurs réside dans le déficit d'articulation des rapports entre les « parties » et le « tout » de la nation, dans l'absence d'un discours intégrant la diversité dans l'unité, que ne viennent pas combler les références au « multiculturalisme ». L'unité de la nation est ainsi moins enseignée, voire pas du tout à la jeunesse française et aux nouveaux immigrants.

Immigration et intégration sans nation... n'est que perdition

À quoi cela sert-il de vouloir s'intégrer s'il n'y a plus de nation ? La tendance à l'autodénigrement demeure un obstacle à l'intégration des étrangers. Dès 1990, Slimane Zéghidou écrivait ainsi dans *Le Voile et la Bannière* : « Comment le jeune beur pourrait-il chérir un pays dont le cinéma, le théâtre, la littérature, la presse et les controverses publiques instruisent à longueur d'années le procès ? Où puiserait-il quelque fierté d'être français ? » L'intégration n'est plus, pour les jeunes beurs d'aujourd'hui, le signe d'une ascension sociale, mais d'une intégration/exclusion.

Si l'on ne veut pas que la politique d'intégration ne soit qu'un tonneau des Danaïdes, il faut la refonder. Voltaire n'écrivait-il pas déjà : « Qui sert bien son pays n'a pas besoin d'aïeux » ? Voilà pourquoi il faut refuser toute régularisation massive et systématique pour les immigrés clandestins. L'Espagne et l'Italie ont procédé à de telles régularisations ; les drames qui se sont produits à Lampedusa ou aux Canaries prouvent que la théorie de l'appel d'air est exacte.

Et l'Europe...

L'identité républicaine doit être un rempart dressé contre le déficit démocratique. Le déficit démocratique est inséparablement lié au déficit d'identité dont il renforce et aggrave les effets. À ce titre, la construction européenne représente un bon exemple : il existe bien une réalité économique européenne, il existe sans doute une identité culturelle européenne, mais il n'existe pas d'identité politique européenne : l'exercice de la démocratie n'est perçu et vécu comme légitime que dans le cadre national. Les scrutins européens le montrent : faute d'identité européenne, garante de mobilisation des électeurs, ceux-ci tendent à refléter les seuls enjeux et débats politiques nationaux.

Il nous faut revenir à l'esprit originel de la construction européenne considérée comme un plus, un complément par rapport aux États-nations, et non comme une forme institutionnelle de substitution. Nous devons tendre à ce que nos institutions européennes conservent au niveau national un certain nombre de prérogatives, tout en rendant plus lisibles les compétences et les activités des différentes structures communautaires. Il nous faut instaurer un « patriotisme économique européen » pour lutter contre les délocalisations, définir des règles plus strictes de préférence communautaire dépassant les critères d'origine qui ne concernaient que les aspects commerciaux.

Une tradition source de renouveau

Oui, s'impose à nous une formidable exigence : celle de construire une pensée pour l'avenir, au service d'une nouvelle espérance. Cette pensée ne pourra être efficiente que si elle s'appuie sur une idée modernisée de la nation. Nous avons la conviction que les valeurs nationales et républicaines sont toujours déterminantes pour l'avenir et le renouveau. Nous aspirons à la restauration de l'autorité d'un État centré sur ses compétences régaliennes, à l'ardente obligation de défendre les valeurs républicaines de réussite, de travail, d'effort et de promotion au mérite. Beaucoup d'entre nous souhaitent que la tradition gaulliste ne soit pas une simple référence passée, mais qu'elle soit source de renouveau et de modernité.

Deuxième partie

LES INSTITUTIONS DE LA Ve RÉPUBLIQUE

Comment faire évoluer les institutions de la Ve République ?

par Patrice Gélard

La Ve République a su faire face à toutes les difficultés politiques qui ont pu survenir depuis 1958 : décolonisation, mai 1968, 1981 et l'alternance, 1986 et la cohabitation. La Constitution a ainsi démontré une remarquable adaptabilité à traiter les circonstances. Certes, deux évolutions sont envisageables. L'une consisterait à revenir aux errements des IIIe et IVe Républiques avec le retour au scrutin proportionnel, aux gouvernements de coalition, aux crises ministérielles, avec l'affaiblissement programmé du chef de l'État. C'est le choix de ceux qui préconisent la mise en place d'une VIe République. La seconde voie viserait à renforcer le caractère présidentiel du régime – conséquence, pour partie, de la réduction du mandat présidentiel de sept à cinq ans. Les précédents historiques ne plaident pas en faveur d'une telle solution : la Constitution de 1791 s'est terminée par une révolution et celle de 1848 par un coup d'État. Il nous faut donc plutôt affirmer aujourd'hui notre volonté de pérenniser les institutions de la Ve République, tout en prévoyant les adaptations rendues nécessaires par l'évolution historique. Néanmoins, certains principes sont et restent incontournables :

– La République est une et indivisible et le français est la langue de la République. Dès lors, toute mesure visant à favoriser le communautarisme est à proscrire.

– La France est une République laïque, ce qui implique la neutralité idéologique, philosophique et religieuse de l'État.

– La France est une République démocratique qui repose sur le principe de la démocratie représentative et non participative.

– La France est et doit rester une République sociale.

Il faut également penser au renforcement de l'égalité et de la lutte contre les discriminations (article 2 de la Constitution) et veiller à assurer une représentation minimale des formations politiques qui n'ont obtenu aucun élu, alors qu'elles ont atteint un pourcentage des suffrages significatif (par exemple, 10 % des votants au premier tour).

Le président de la République

La création du quinquennat a été plutôt mal prise en compte par les acteurs politiques. D'une part, celui-ci a abouti à réduire le rôle du Premier ministre et à renforcer le rôle du président ; il a conduit également à rendre quasi impossible l'usage de la dissolution puisque l'élection présidentielle et les élections législatives sont désormais concomitantes. Le recours à la dissolution est donc réservé aux cas exceptionnels. Il y a ici nécessité de revenir à la tradition gaullienne ; sinon, à terme, le régime présidentiel deviendra inéluctable.

Les autres réformes de 2008 concernant le président ont été généralement acceptées (nomination des responsables avec l'avis des commissions compétentes de l'Assemblée nationale et du Sénat ; réforme du Conseil supérieur de la magistrature ;

audition du chef de l'État par le Parlement). Par contre, la procédure de quasi *impeachment* permettant de destituer le chef de l'État n'entre pas dans la tradition parlementaire, mais bien dans celle du régime présidentiel.

Le référendum d'initiative populaire

Les Français pratiquent mal le recours au référendum. Ils transforment le vote sur un texte en vote de confiance ou de défiance envers le pouvoir exécutif. Une véritable éducation au référendum s'impose. Cela pourrait débuter au niveau local, mais il faudrait généraliser le système selon lequel le référendum n'est valide que si 50 % des électeurs ont participé au scrutin.

Le gouvernement

La réforme selon laquelle les ministres remerciés retrouvent automatiquement leur mandat de député ou de sénateur n'est pas conforme à la tradition gaullienne et n'a été que peu appréciée. De surcroît, cette mesure transforme les suppléants en parlementaires de seconde zone, installés en permanence sur des sièges éjectables. Une telle solution paraît pire que celle qui aurait maintenu le ministre en tant que parlementaire.

Le nombre des membres du gouvernement est également un problème qui revient régulièrement. Ce nombre a tendance à se stabiliser entre 30 et 40 ministres. Certes, on pourrait établir un gouvernement plus restreint (de l'ordre de 15 membres), mais une telle réforme exigerait la mise en place d'une structure différente de gouvernement avec des seniors, des juniors et des collaborateurs, à l'instar de ce qui se passe dans de nombreux pays. Il est en effet impensable de bloquer les activités d'un ministre pendant des dizaines d'heures au Parlement. Une hiérarchisation entre ministres de plein exercice (en nombre restreint), ministres délégués et secrétaires d'État (rattachés aux ministres de plein exercice et sans possibilité d'autonomie) serait une solution satisfaisante.

Le Parlement

La révision constitutionnelle de 2008 a considérablement accru la compétence parlementaire, mais sans doute en empiétant par trop sur les prérogatives gouvernementales concernant la fixation de l'ordre du jour. La réduction à deux semaines de séances laissées au gouvernement est excessive. Il aurait sans doute fallu ramener à une semaine ce qui est d'initiative parlementaire – tant sur le plan législatif que sur le plan du contrôle. En fait, cette réforme nous éloigne considérablement du parlementarisme rationalisé de Michel Debré, défendu lors de l'adoption de la Constitution.

À cela s'ajoute une série d'événements qui font que le travail parlementaire y est le moins bien organisé en comparaison avec les autres Parlements européens, alors que le Parlement français est celui qui travaille le plus avec la généralisation des séances supplémentaires le lundi, le vendredi et, en période budgétaire, le samedi. N'oublions pas non plus le fait que le Parlement français est pratiquement le seul à tenir des séances de nuit. Quant aux commissions parlementaires, la révision constitutionnelle de 2008 a considérablement accru leur travail. Il est courant de voir certaines commissions tenir entre trois et quatre réunions supplémentaires par semaine, d'où des chevauchements entre séances publiques, commissions et autres organismes liés à la vie parlementaire.

La solution à ces dysfonctionnements repose sans doute, à la manière de ce que l'on observe dans les États voisins, sur l'instauration d'un lien plus étroit entre majorité parlementaire et gouvernement. Il conviendrait aussi d'améliorer considérablement la qualité du texte et, sans doute, à l'instar du Parlement européen, de rationaliser et d'écourter les débats et les votes.

Le Conseil constitutionnel

Il conviendrait également de mettre fin à l'anomalie selon laquelle les anciens présidents de la République sont membres de droit à vie du Conseil constitutionnel, même lorsqu'ils ont éventuellement été destitués. La formule, adoptée en son temps pour satisfaire le président Coty, est incompatible avec le fait que les membres du Conseil ne doivent pas faire de politique (ce qui est absurde pour un ancien président) et rend difficile leur participation aux décisions concernant les questions prioritaires de constitutionnalité (QPC). La solution italienne qui fait des anciens présidents des sénateurs à vie semble plus satisfaisante.

D'autres réformes pourraient être envisagées, comme l'augmentation du nombre de membres. Ainsi, les trois juridictions suprêmes (Cour de cassation, Conseil d'État et Tribunal des conflits) pourraient chacune désigner un membre. On pourrait ainsi envisager le fait que les QPC soient examinées comme, en matière électorale, par seulement trois membres du Conseil constitutionnel, à l'exception des cas les plus délicats. On pourrait également envisager que les membres du Parlement (soixante députés et soixante sénateurs) puissent soulever une QPC. Enfin, il serait souhaitable, afin de réduire le rôle excessif du secrétariat général, de doter chaque membre d'un conseiller référendaire pour l'assister.

L'autorité judiciaire

Depuis la révision constitutionnelle de 2008 qui a modifié la composition du Conseil supérieur de la magistrature, il ne reste plus qu'un problème délicat : le statut des procureurs. Selon la conception française, les procureurs sont des magistrats, ce qui est dénié par les autorités judiciaires du Conseil de l'Europe. En fait, la seule différence avec les magistrats réside dans le fait que les modalités de nomination sont différentes. En tout état de cause, il est évident que la subordination des procureurs au garde des Sceaux est indispensable. Tout le problème est de savoir si cela implique nécessairement la liberté de nomination des procureurs. Il serait également souhaitable de rénover le statut des juges de proximité.

Le vote des étrangers aux élections locales

Cette proposition au caractère démagogique est évidemment contraire à la conception de la nation française, de la citoyenneté, du droit de vote et de la naturalisation. Aucun exemple étranger n'est satisfaisant. De plus, cette situation entraînerait des conséquences catastrophiques dans certains départements d'outre-mer et territoires. Enfin, il n'est pas pensable d'admettre de tels votes qui seraient plus aisés à mettre en œuvre que ceux de ressortissants européens.

Autres problèmes institutionnels

Une réflexion approfondie sur l'avenir de l'Europe et la place de la France en son sein s'impose également. Peut-on envisager une Europe avec plusieurs configurations différentes selon les adhérents ? L'avenir de l'Europe ne doit pas non plus faire oublier celui de l'Union méditerranéenne, celui de la France et de l'Afrique ou encore celui de la France avec les pays émergents. De nombreux autres problèmes juridiques sont à examiner à l'avenir, comme la réforme du mariage et de l'adoption, la poursuite de l'autonomie des universités et des grandes écoles, la refonte du code de procédure pénale et du code de procédure civile. On ne peut manquer, pour finir, de citer la révision des structures territoriales avec la création du conseiller territorial, révision qui doit être poursuivie et achevée.

De Gaulle et la question des institutions

par Jean-René Lecerf

« La France, c'est tout à la fois, c'est tous les Français. Ce n'est pas la gauche, la France ! Ce n'est pas la droite, la France… Il y a l'éternel courant du mouvement qui va aux réformes, qui va aux changements, qui est naturellement nécessaire, et puis il y a aussi un courant de l'ordre, de la règle, de la tradition, qui lui aussi est nécessaire. C'est avec tout cela qu'on fait la France », déclarait le général de Gaulle dans une interview radiotélévisée du 15 décembre 1965. Bien avant déjà et à plusieurs occasions, il avait souligné les aspects qu'il souhaitait emprunter à la gauche – la générosité et le progrès social – et ce qu'il devait à la droite – le sens de l'ordre et de l'État. Ainsi à Bagatelle, le 1er mai 1952, il confiait : « Nous voulions de la gauche, ce qu'elle eut souvent de généreux : la volonté de progrès social ; de la droite, ce qu'elle avait, à maintes reprises, montré de noble : la tradition nationale. Oui, c'est sur ces bases à la fois sociales et nationales que nous entendions rebâtir la France et la République, nous qui ne jouions pas d'autre jeu que leur jeu. »

Mais le gaullisme s'identifie-t-il simplement à une époque illustre qui, de l'appel du 18 juin 1940 à la présence des généraux de Lattre et Leclerc aux capitulations de l'Allemagne et du Japon, nous sauva du déshonneur, puis dota notre pays d'institutions stables en 1958 et lui rendit sa puissance et sa place dans le concert des nations ? N'apparaît-il pas plutôt comme la dernière manifestation éclatante, à ce jour, d'un tempérament, d'un phénomène, d'un courant politique spécifique à notre pays, irréductible au confortable clivage droite/gauche, alliant le pragmatisme et l'adaptation à l'évolution du monde et des peuples avec un certain nombre de principes et de valeurs largement intangibles ? La question est d'importance, car, dans un cas, nous serions confrontés à un épisode glorieux, mais passé, de notre histoire, à l'exemple du siècle de Louis XIV ou de l'épopée de Jeanne d'Arc ; dans l'autre, nous serions invités à rechercher dans l'analyse du gaullisme des réponses à nos interrogations, nos espoirs ou nos désarrois d'aujourd'hui et de demain.

Le gaullisme : une spécificité bien française

Si l'on remonte le fil du temps, ne serait-ce que depuis la Révolution française, on retrouve de nombreux jalons largement étrangers au libéralisme ou au socialisme, à la droite ou à la gauche, transcendant largement nos anciennes querelles gauloises autour d'« une certaine idée de la France ». Ainsi de Bonaparte à Napoléon Ier, du prince président à Napoléon III, de certains aspects du boulangisme au radicalisme de Clemenceau, de Gambetta, voire de Mendès France. Dans l'un de ses ouvrages majeurs, *Les Droites en France*, l'historien et politologue René Rémond a distingué les droites légitimiste (de Louis XVIII aux partisans des Bourbons jusqu'à l'État français et au Front national), orléaniste (de Louis Philippe aux libéraux jusqu'à Valéry Giscard d'Estaing et l'UDF) et bonapartiste (du Premier Consul à Charles de Gaulle). Cette dernière sensibilité, à la différence des deux autres, explose les frontières de la seule droite pour se situer aussi ailleurs. Parfois, par commodité de langage, on lui donne le nom de « césarisme démocratique », pour marquer la rencontre d'un homme providentiel, porté par des événements exceptionnels, avec la volonté clairement exprimée du peuple français. Toutefois, cette qualification ne saurait rendre compte de la richesse et de la complexité de cette famille politique dont la géographie électorale atteste de la pérennité. La comparaison par exemple de l'élection présidentielle du 10 décembre 1848 avec celle de décembre 1965 atteste, au-delà des générations, de la fidélité des territoires aux projets politiques du prince Louis-Napoléon et du général de Gaulle. Sans prétendre, et de très loin, à l'exhaustivité dans le cadre de cet ouvrage, on peut rappeler quelques ressemblances, aussi surprenantes que frappantes, entre ces différentes manifestations du « césarisme démocratique ».

– *La quête d'une éclatante légitimité* : avec « Napoléon Ier, empereur des Français par la grâce de Dieu et par la volonté du peuple », on assiste à la réconciliation de la légitimité de droit divin, symbolisée par le sacre, et de la légitimité révolutionnaire par les plébiscites. Au-delà de ses nombreux succès électoraux facilités par les candidatures multiples, Boulanger n'incarne-t-il pas avant tout la fierté et l'honneur d'un peuple mis à mal par le désastre de 1870, sans oublier que les partisans du « général Revanche » tentent de le faire passer, dans des campagnes au niveau d'instruction encore rudimentaire, pour le fils de Napoléon III ? Quant à Charles de Gaulle, sa légitimité tient tant à l'histoire de la Seconde Guerre mondiale qu'il n'envisagera l'élection au suffrage universel direct du chef de l'État que dans le souci de renforcer l'« équation personnelle de ses successeurs ».

– *L'importance de la question sociale* : de Louis-Napoléon écrivant *L'Extinction du paupérisme,* à une époque où l'exclusion n'apparaît pas encore parmi les priorités politiques des pouvoirs publics, à l'association capital-travail et à la participation chères au général de Gaulle, ne discerne-t-on pas une même volonté de transcender les conflits de classes dans un partage des responsabilités et des fruits du progrès propice au rassemblement ? De Napoléon III le grand, comme l'a qualifié Philippe Séguin, à « la seule querelle qui vaille, celle de l'homme » de Charles de Gaulle, les valeurs d'humanisme s'imposent comme une ardente obligation.

– *Une France forte, mais tournée vers le monde* : les expressions de « chauvinisme cocardier » et de « messianisme humanitaire », empruntées à Raoul Girardet, caractérisent la politique étrangère du césarisme démocratique. Ainsi les guerres du Premier Consul, puis de l'Empereur, au-delà de l'esprit de conquête, propagent dans toute l'Europe les valeurs de la Révolution. De même, le Second Empire, s'il se soucie d'étendre le territoire national, contribue aussi à l'unité italienne sans anticiper le risque que fait peser sur la France l'aspiration à l'unité allemande – Jean Jaurès qualifiait Napoléon III de « Prince fastueusement international ». Pour le général de Gaulle, « la France ne peut être la France sans la grandeur », mais ce caractère implique non seulement les instruments de sa puissance, comme la force de frappe, mais aussi l'exemple et l'aide apportés à tous les peuples luttant pour leur liberté ou leur culture, des pays de l'Est ou d'Amérique latine au Québec.

– *L'autorité de l'État* : sans être une fin en soi, l'État est appelé à jouer un rôle essentiel à la fois pour des raisons historiques – il a largement précédé la nation – et dans la mesure où il est seul capable d'imposer à tous le respect des principes républicains et, en premier lieu, celui d'égalité qui conditionne largement l'épanouissement des autres. On connaît la formule de Lacordaire : « Entre le riche et le pauvre, c'est la liberté qui asservit, la loi qui libère. » Cette autorité de l'État se concilie dès le Consulat avec le mouvement de déconcentration et l'avènement des préfets – « le même marteau qui frappe mais dont on a raccourci le manche ». Puis de Gaulle, au soir de son mandat de président, aura l'intuition de la nécessité de « mettre fin au mouvement multiséculaire de centralisation », annonçant les réformes modernes des collectivités territoriales. C'est la même aspiration qui façonnera les idées constitutionnelles, de la méfiance à l'égard des partis et du rejet du régime d'assemblée au rôle éminent d'un chef de l'État incarnant la « rencontre d'un homme et d'un peuple ».

Ce rapide rappel n'a d'autre ambition que de confirmer l'existence dans la vie politique française d'un courant de pensée irréductible au dualisme idéologique que l'on rencontre très largement en Europe entre socialistes et libéraux, conservateurs et travaillistes – entre la CDU et le SPD, par exemple. Dans un contexte de crise grave où la population se prend à douter de l'utilité de son vote et des potentialités de changement qu'offrent les alternances républicaines, au risque de s'abandonner aux extrêmes, le gaullisme n'incarne-t-il pas une espérance pour le XXIe siècle ? Cela implique, bien sûr, en premier lieu, de dépasser le stade des commémorations, de la nostalgie d'un passé glorieux nécessairement idéalisé à la manière des bonapartistes bercés par le mémorial de Sainte-Hélène ou l'imagerie populaire : « Parlez-nous de lui grand-mère, parlez-nous de lui. » Il serait également dérisoire de sanctuariser, notamment en matière institutionnelle, les apports du général de Gaulle alors que lui-même appelait la France à « épouser son temps » et invoquait la sagesse de Solon pour défendre l'idée que la perfection constitutionnelle dépend avant tout de l'époque et des peuples concernés.

Une Constitution, un peuple, une époque

À Épinal, le 28 décembre 1946, de Gaulle énonçait quelques principes simples, qui s'imposent aujourd'hui encore à ceux qui se réclament du gaullisme, mais laissent une souplesse considérable aux évolutions. « Il nous paraît nécessaire, déclare-t-il alors, que le gouvernement de la France en soit un, c'est-à-dire une équipe d'hommes et de femmes rassemblés par l'action commune autour d'un chef et sous sa direction, collectivement responsables de leurs actes devant l'Assemblée nationale… Il nous paraît nécessaire que le Parlement en soit un, c'est-à-dire qu'il fasse des lois et contrôle le gouvernement sans gouverner lui-même, ni directement ni par personnes interposées… Il nous paraît nécessaire que la justice soit la justice, c'est-à-dire indépendante de toutes influences extérieures, en particulier des influences politiques. » Sans doute convient-il aussi de mentionner l'élection du président de la République au suffrage universel direct qui étend à la citoyenneté la notion de participation et garantit dans toutes circonstances que « l'État ait une tête qui en soit une et à qui le peuple ait donné le mandat et les moyens de faire valoir l'intérêt national ». De même, sans qu'il soit inscrit dans la Constitution, le mode de scrutin doit permettre l'avènement de majorités parlementaires aptes à générer la stabilité gouvernementale, aux antipodes des gouvernements châteaux de cartes des IIIe et IVe Républiques. Sans interdire d'instiller une dose de proportionnelle, le scrutin majoritaire doit donc conserver un rôle prépondérant. Néanmoins, même la grande révision constitutionnelle de 2008 avec la volonté de rééquilibrage des pouvoirs exécutif et législatif (ordre du jour partagé, débat parlementaire s'ouvrant sur le texte de la commission, limitation des recours à l'article 49 alinéa 3) et l'octroi au citoyen de prérogatives essentielles à la défense des libertés (questions prioritaires de constitutionnalité, saisine populaire du Conseil supérieur de la magistrature) s'insère sans heurt dans le cadre de notre Ve République.

Quant au débat sur la nature des institutions et aux critiques qu'elles encourent, il n'a guère évolué. « Parlementarisme dualiste », « régime semi-parlementaire, semi-présidentiel », « présidentialisme » : tous ces qualificatifs gardent une part d'explication, exception faite des allégations de « dictature » par l'auteur du *Coup d'État permanent* : la Ve République a permis l'alternance ; François Mitterrand, devenu président, s'y est rallié sans délais et sans difficultés ; elle s'est adaptée à la cohabitation et elle a évolué vers une consécration toujours renforcée des droits de l'opposition et des droits des citoyens.

Finalement, la critique essentielle du régime de la Ve République demeure l'association, dans la personne du président, de l'irresponsabilité et du pouvoir. L'existence de compétences éminentes dispensées du contreseing ministériel – ce qui signifie que le gouvernement ne peut donc en assumer la responsabilité – pose question au regard de l'aspect parlementariste de nos institutions, d'autant plus que le contreseing, lorsqu'il subsiste, revêt en conséquence un caractère de plus en plus formel. On se souvient de la réponse de René Capitant pour qui à l'irresponsabilité du chef de l'État devant l'Assemblée nationale se substitue sa responsabilité devant le peuple lors de l'élection présidentielle et lors des referendums, thèse qui trouve un ultime argument dans la consultation du 27 avril 1969. Cependant, le cataclysme politique lié à l'échec du référendum du 29 mai 2005, le fait que les chefs d'État depuis de Gaulle ne lient plus leur destin au succès de cette consultation, ainsi que sa relative désuétude aujourd'hui introduisent sans doute un facteur de déséquilibre. De même, la concomitance des échéances présidentielles et législatives, l'inversion du calendrier électoral qui génère une certaine vassalisation de l'Assemblée nationale à l'égard du chef de l'État et l'abandon du septennat s'avèrent malaisément compatibles avec la pensée du Général. Dans la célèbre conférence de presse du 31 janvier 1964, on se souviendra que celui-ci déclarait notamment : « Parce que la France est ce qu'elle est, il ne faut pas que le président soit élu simultanément avec les députés, ce qui mêlerait sa désignation à la lutte directe des partis, altérerait le caractère et abrégerait la durée de sa fonction de chef de l'État. »

Troisième partie

AFFAIRES ÉTRANGÈRES, EUROPE, DÉFENSE

Un regard gaulliste

par Josselin de Rohan

La politique étrangère d'un pays traduit l'ensemble des principes, des orientations et des actes qui régissent ses rapports avec les autres pays ou les instances internationales. Elle est le produit de son histoire, de sa géographie et de ses intérêts. Notre longue histoire retranscrit et éclaire les origines de nos conflits, de nos traités et de nos alliances. Notre géographie met en lumière notre situation et notre environnement. Nos intérêts politiques, commerciaux ou financiers ont varié avec les époques, mais ils ont dicté nos choix.

Nul plus que le général de Gaulle n'a donné une force et une impulsion déterminante et durable à la politique étrangère de la France. Toute sa volonté, pendant la guerre, était tournée vers l'impératif de restauration de la souveraineté française pour lui permettre, en combattant aux côtés des alliés, de retrouver son honneur, son influence et son crédit dans le monde. Dès son retour aux affaires en 1958, de Gaulle s'est employé à mettre en œuvre une politique étrangère qui exprime le souci de la France d'avoir sa propre ligne de conduite dans ses relations avec les autres pays et de reprendre une place prépondérante dans le concert international.

Tout en condamnant la politique des blocs, de Gaulle a toujours situé notre pays dans le camp des démocraties attachées au respect des libertés et du droit des peuples à disposer d'eux-mêmes. Lors de la crise de Cuba et celle de Berlin, les États-Unis n'ont pas eu d'alliés plus fermes que la France, même lorsque le Général entendait revoir les modalités de notre participation à l'Alliance atlantique. Nous lui devons, à la suite de la décolonisation, une normalisation de nos rapports avec les pays africains et des liens étroits avec les pays francophones. Sa dénonciation de la guerre au Vietnam, comme des excès de la politique israélienne au Proche-Orient lui ont valu une grande audience dans le tiers-monde et les pays arabes. En dotant la France de l'arme atomique, il a permis à notre pays de figurer au nombre des puissances disposant d'une force de dissuasion réelle qui conforte leur défense et leur indépendance.

Certes, depuis quarante-trois ans, le monde a profondément changé et la France doit adapter sa politique étrangère aux mutations intervenues sur la planète. La disparition des blocs avec la fin de la guerre froide a donné naissance à un monde multipolaire, mais l'équilibre de la terreur a laissé place à des menaces aussi dangereuses et diffuses que le terrorisme, la prolifération nucléaire, les cyberattaques. Le réchauffement climatique risque d'engendrer de grands mouvements migratoires, une grave inégalité des peuples devant les ressources en eau ou en énergie ou encore de grandes famines. La crise qui, depuis 2008, affecte l'économie mondiale ne restera pas sans conséquence. Elle affaiblit les vieilles démocraties et le continent européen ; elle accélère la montée en puissance des pays émergents et redistribue les richesses comme les zones d'influence.

Sur quoi peuvent reposer aujourd'hui les fondements de notre politique étrangère ?

La politique étrangère de notre pays doit être guidée tout d'abord par le respect de nos valeurs de liberté, de démocratie, de respect des droits de l'homme et du droit des peuples. Membre permanent du Conseil de sécurité de l'ONU, il nous revient d'appliquer sa charte, de veiller à ce que les pays membres de l'organisation s'y conforment, de prendre des initiatives allant dans le sens de la paix, du développement économique ou culturel au bénéfice des pays les moins pourvus.

Notre pays doit continuer à soutenir, lorsqu'il est sollicité par l'ONU, des interventions pour le maintien ou le retour à la paix, dans des zones où cette intervention est nécessaire. De telles actions relèvent de notre responsabilité au sein du Conseil de sécurité.

La proximité du continent africain avec l'Europe, les liens que nous avons tissés depuis des siècles avec nombre des pays qui le composent, le partage avec ces pays de l'usage de notre langue, mais aussi nos échanges commerciaux nous commandent d'attacher la plus grande importance et la plus grande attention à l'évolution de l'Afrique. Nous devons assurer une présence économique, culturelle et une aide conséquente au développement dans ces pays. Il nous faut y maintenir également une présence militaire grâce aux bases qui nous sont concédées et assister à leur demande les pays africains, en application des accords de défense que nous avons conclus avec eux. Leur coopération est indispensable pour lutter contre les attaques menées contre nos ressortissants par les terroristes affiliés à Al-Qaida.

La révision récente de la stratégie américaine sur le recentrage des États-Unis sur l'Asie et le Pacifique et son début de désengagement en Europe ne peuvent qu'inciter notre pays à militer pour la création d'un pôle européen au sein de l'OTAN. Compte tenu des menaces qui pèsent sur nos démocraties, nous ne pouvons que maintenir des relations étroites avec nos alliés américains et canadiens, de part et d'autre de l'Atlantique. La réintégration de la France dans les comités militaires de l'OTAN n'a nullement affecté notre indépendance puisque nous conservons l'entière maîtrise de notre force de dissuasion. En outre, lors de notre intervention en Libye, nous avons dû recourir à la logistique et aux drones américains, faute de pouvoir disposer des outils, tout en conservant le commandement de nos Forces.

Si l'Europe et la France veulent maintenir une défense gage de leur souveraineté, elles devront assumer, à l'avenir, une part de plus en plus croissante de son financement. L'allié américain n'acceptera plus d'assumer une charge que ses partenaires refusent d'assumer. Si cette réalité n'est pas prise en compte par nos alliés, l'OTAN risque avant longtemps de devenir une coquille vide. Il faut anticiper une stratégie de rechange.

En l'absence d'une véritable union politique en Europe, ni la politique étrangère européenne, ni la politique de sécurité et de défense commune n'auront de consistance. On peut déplorer cet état de fait, mais non l'ignorer. À travers les coopérations renforcées prévues par les traités européens, il est néanmoins possible aux États membres de l'Union européenne d'entreprendre des actions communes et d'harmoniser leurs politiques extérieures. Toutes les initiatives prises par la France dans ce domaine seraient bienvenues.

Enfin, la France dispose de deux leviers essentiels pour asseoir son influence : la politique culturelle et l'aide au développement. Notre pays a procédé récemment à une réorganisation de son action culturelle à l'étranger, en se dotant de nouveaux instruments destinés à favoriser la coopération scientifique, l'accueil d'étudiants étrangers, la coopération universitaire ainsi que la diffusion de notre culture et de notre langue. La bataille pour la francophonie doit demeurer l'une des priorités de notre diplomatie. L'existence d'une action cohérente et dynamique relayée par un réseau solidement organisé conditionne l'efficacité de notre action culturelle extérieure.

Le niveau de notre aide au développement, qu'elle soit bilatérale ou multilatérale, détermine notre crédibilité et la confiance des pays auxquels elle s'applique. Nos ONG, comme nos coopérants, en apportant leur savoir-faire et nos techniques aux populations qui cherchent à améliorer leurs conditions d'existence, sont des artisans incomparables du rayonnement de la France. Réduire le montant de notre aide, c'est laisser la place à nos concurrents et renoncer à jouer un rôle dans des régions où la stabilité sociale et politique repose sur leur développement.

La France peut continuer à faire entendre sa voix

Une véritable politique étrangère ne peut procéder que d'un État stable et fort. Un État faible n'inspire ni confiance ni adhésion. De quel prix ont été payés les renonciations et les abandons successifs des gouvernements français devant le nazisme jusqu'à la triste démission de Munich ? Une politique étrangère se doit d'être constante et s'inscrire dans la durée. Autant dire qu'elle ne saurait dépendre des entraînements et des passions du moment ou des contingences de la politique intérieure.

Le général de Gaulle a incarné au plus haut degré la capacité à voir au-delà de l'horizon et à discerner les évolutions futures en analysant de manière pénétrante, tous les facteurs qui concourent à leur déclenchement. Seule une connaissance approfondie des courants politiques, sociaux ou religieux qui affectent les peuples permet d'évaluer la réalité des problèmes auxquels ils sont confrontés ou ceux auxquels ils donnent naissance. Notre réseau diplomatique a pour mission permanente d'éclairer l'exécutif sur ces mouvements. Sa qualité et sa fiabilité sont les meilleurs atouts d'une politique extérieure.

Nous n'avons pas à choisir dans nos relations avec les autres pays entre idéalisme et *realpolitik*, entre « droit-de-l'hommisme » et cynisme. Le messianisme n'est bien souvent que le voile recouvrant le fondamentalisme ou totalitarisme. Les démocraties qui fondent leur politique sur le cynisme tournent le dos à leurs valeurs. Des notions comme le droit d'ingérence ou le devoir de protéger doivent être invoquées avec précaution. Où commence le droit de s'immiscer dans les affaires intérieures d'un État tiers, où finit-il ? La « protection » a permis, en beaucoup d'occasions, au fort de vassaliser le faible. En aucun cas, il ne faut recourir à ces concepts de manière unilatérale pour fonder une intervention. Seules des décisions des Nations unies peuvent les légitimer.

L'une des dernières puissances à posséder des territoires ou des bases militaires sur les cinq continents, la France, a la possibilité de faire entendre sa voix dans le monde. Elle dispose de beaucoup d'atouts culturels, économiques, politiques qui lui valent une forte audience. Le repli sur elle-même, la frilosité, l'égocentrisme porteraient un tort irrémédiable à son image dans le monde. La France peut encore porter haut et fort un message d'humanisme, de justice et de paix à condition de s'ouvrir sur l'extérieur et de chercher à demeurer un acteur engagé de l'universalité. N'est-ce pas, en définitive, reconnaître que c'est la France tout entière qui doit être reflétée dans sa politique étrangère ?

L'Europe de De Gaulle à Sarkozy : une construction inachevée

par Jean Bizet

De Gaulle a approché l'idée européenne avec une certaine méfiance. Au fil du temps, il a fait preuve d'un grand pragmatisme. Le Général ne voulait pas être lié par quelque doctrine ou théorie que ce soit ; les circonstances devaient pouvoir primer. Sa vision de l'Europe a tourné autour de deux grands axes : la souveraineté nationale et l'indépendance des États, d'une part ; le recours à une consultation populaire directe pour « enflammer les peuples », d'autre part. Ces principes directeurs pouvaient, en fonction des circonstances justement, trouver différentes manières de s'exprimer. En revanche, de Gaule a toujours, et avec force, écarté l'idée de fédéralisme et de supranationalité. Pour lui, l'Europe devait avant tout servir la France et ses intérêts et il a usé de toute son autorité près des autres chefs d'État pour y parvenir. Trois discours illustrent particulièrement bien sa pensée :

– *Le discours de l'Albert Hall du 11 novembre 1942* : « La France souhaite, désormais, tout faire pour qu'en Europe ceux dont les intérêts, le souci de leur défense et les besoins de leur développement sont conjugués avec les siens se lient à elle, comme elle-même à eux, d'une manière pratique et durable. »

– *Le discours à Alger du 18 mars 1944* : « Pour ce qui concerne la France, nous pensons qu'une sorte de groupement occidental, réalisé avec nous, principalement sur la base économique, et aussi large que possible, pourrait offrir de grands avantages. Un tel groupement, prolongé par l'Afrique, en relations étroites avec l'Orient et, notamment, les États arabes du Proche-Orient qui cherchent légitimement à unir leurs intérêts – et dont la Manche, le Rhin et la Méditerranée seraient comme les artères –, paraît pouvoir constituer un centre capital dans une organisation mondiale des productions, des échanges et de la sécurité. »

– *La déclaration au* Times *de Londres du 10 novembre 1945* : « Le Général insiste sur l'idée d'existence réelle et naturelle de l'Europe qui dispose, dit-il, en quantités suffisantes, des moyens essentiels d'existence pour constituer un ensemble économique. »

Extraordinaire discours que celui d'Alger... Dès 1944, on y trouve les ferments de ce qui deviendra plusieurs décennies après l'Union européenne, l'Organisation mondiale du commerce et l'Union pour la Méditerranée...

L'Europe selon de Gaulle

Pour celles et ceux qui veulent bien remettre ces propos en perspective, on mesure la formidable vision qui fut celle du Général. On s'aperçoit que sa notion de l'Europe est essentiellement fondée sur l'économie et que le voisinage de la Belgique, la Hollande et la Grande-Bretagne commande à ses yeux l'organisation des rapports. En 1944, il n'est toujours pas question de l'Allemagne ! Il faudra attendre février 1949, très exactement le 12 février, pour que, dans un discours prononcé à Lille, il l'évoque pour la première fois en ces termes : « Sa présence au sein de l'Europe ne peut se concevoir qu'en qualité de fédération d'États, c'est-à-dire les Länder, et non d'un Reich. » Nous sommes donc sur la base d'une confédération d'États-nations où la souveraineté et l'indépendance sont des éléments intangibles.

En 1957-1958, la mise en œuvre du traité de Rome nécessite d'importantes réformes économiques, notamment de nos finances publiques. C'est à partir de cette époque que le Général considère la réconciliation franco-allemande comme le vrai enjeu de la construction européenne. Il souhaite ardemment arrimer l'Allemagne à l'Ouest et c'est en février 1963, le 22 très exactement, qu'il signe avec Konrad Adenauer le traité de l'Élysée. Ce traité marque le début d'une nouvelle ère dans les relations entre nos deux pays, avec une concertation intergouvernementale forte. À cette époque aussi, de Gaulle perçoit très nettement que la Grande-Bretagne est stratégiquement trop proche des États-Unis et c'est la raison pour laquelle il refuse à deux reprises, en 1963 et 1966, son adhésion au Marché commun. D'une dimension d'abord économique, l'Europe commence à prendre sa dimension politique ; à partir de 1965, au travers de la politique de la « chaise vide » de Gaulle fait comprendre aux instances communautaires la suprématie des politiques sur… la Commission ainsi que sa grande méfiance à l'égard des « technocrates apatrides ».

Évidemment, nous ne pouvons pas parler de la conception de l'Europe du Général sans traiter de la création de la politique agricole commune, tant elle bouleversa le paysage et la vie des paysans de cette époque. Cette politique fut la première politique communautarisée et contribua à une meilleure construction de l'Europe. Le Général souhaitait la création d'une grande politique agricole commune pour moderniser et développer l'agriculture française de cette époque – une agriculture restée encore archaïque et n'assurant pas la couverture alimentaire des Françaises et Français. Il le souhaitait également pour équilibrer le projet de Marché commun général qui était basé sur l'industrie et qui avait été initié en 1956. Cet ensemble fut au cœur des négociations du traité de Rome de 1957. C'est en juillet 1958 que les délégués des gouvernements et experts d'organisations agricoles jetèrent les bases d'une modernisation de l'agriculture européenne. Les exportations de l'agriculture française vers nos voisins ont été multipliées par 4 entre 1958 et 1970 et le taux de couverture de notre balance commerciale est passé ainsi de 48 % à 85 %.

À côté de la politique de cohésion, la PAC reste un vrai symbole de la réussite de la construction européenne. Au fil du temps, elle est passée de la production de matières premières agricoles à la production de produits transformés à valeur ajoutée. Ces dernières années, la sécurité sanitaire s'est imposée à cette politique et, là encore, le cadre européen s'est avéré le bon niveau pour structurer cette exigence sociétale.

Le besoin de plus d'Europe aujourd'hui

Aujourd'hui plus que jamais, l'Europe est au cœur de la résolution de nos problèmes du quotidien, mais la confiance et l'enthousiasme ne sont plus là ! Les Françaises et les Français vivent une société d'inquiétude générée par une succession de crises qui, depuis 2008, n'en finit pas. L'Europe a déçu, elle n'offre plus une vision claire de son avenir. Depuis dix ans, elle s'est tournée sur elle-même, occupée à parfaire son architecture institutionnelle – traité de Nice, traité de Maastricht, traité de Lisbonne... Nos concitoyens ont eu la nette perception que cette Europe-là, engagée dans la création d'un grand marché, ne se préoccupait plus d'eux ; pis encore, que l'ultralibéralisme s'était finalement retourné contre eux. Il faut que l'Europe retrouve désormais la confiance de ces hommes et de ces femmes qui, hier, ont mis beaucoup d'espoir dans cette construction si originale.

La création d'une monnaie unique ne s'est pas accompagnée d'une gouvernance de la zone euro et d'une convergence de nos fiscalités. Ce fut une erreur. Nous pensions que les critères de Maastricht, dont le respect reposait sur la seule vertu des États, étaient suffisants pour organiser cet espace européen. Le manque de rigueur et de courage politique des dirigeants des États membres a balayé ces critères et nous a entraînés vers des dérives financières aujourd'hui insoutenables.

L'Europe est à repenser, l'Europe est à reconstruire. Elle doit retrouver ses objectifs premiers au service de l'homme en régulant les marchés financiers dans un monde où il ne faut pas être naïf : ce monde restera un monde de compétition, un monde que nous ne devons pas refuser en nous abritant derrière une exception française ou une préférence communautaire – celle-ci n'existe d'ailleurs plus depuis l'arrêt de la Cour de justice de 2005 –, un monde qu'il faut orienter vers plus de régulation et de réciprocité au travers des actions du G20 et de l'OMC au sein desquels l'Union européenne doit avoir un rôle moteur.

Cette Europe d'après, cette Europe du XXIe siècle doit se construire à nouveau à partir du couple franco-allemand. L'alliance de la rigueur et de la discipline budgétaire de notre voisin d'outre-Rhin, d'un côté, et de l'inventivité française, de l'autre côté, est au cœur de cette nouvelle Europe. Sans nous départir de la nécessaire solidarité due à tous les États membres, il faut que nous acceptions que le chemin ouvert par le couple franco-allemand ne soit pas parcouru par les 28 à la même vitesse. Ce n'est pas un problème. Cette Europe à plusieurs vitesses est permise par les traités, au travers de coopérations renforcées. Nous n'y sommes pas habitués ; il le faudra pourtant, car, aujourd'hui, le monde va vite et le temps de l'économie n'est pas le temps des politiques.

Cette Europe doit faire évoluer les statuts de sa Banque centrale. Celle-ci doit s'affranchir de l'architecture dans laquelle les traités l'ont enfermée depuis Maastricht. Si l'on se réfère à l'article 13 du traité de fonctionnement de l'Union, la BCE est clairement identifiée comme une institution invitée à appliquer le principe de « coopération loyale » avec les autres institutions de l'Union. En d'autres termes, il ne lui est pas interdit de participer au développement économique de l'Union. Aujourd'hui, la BCE est le seul acteur capable de rassurer les marchés, mais ses statuts lui interdisent de financer directement les gouvernements. Pourtant fin 2011, la BCE a accordé 490 milliards d'euros de prêts à environ 500 établissements bancaires de la zone euro. Ces mêmes établissements seraient « bien inspirés » d'acheter à leur tour des obligations de leur propre pays, ce que la BCE ne peut faire directement.

Chaque époque a sa vérité. L'Allemagne souhaite que les pays n'ayant pu maîtriser l'évolution de leur dette le fassent rapidement avant d'imaginer la modification des statuts de la BCE. Elle a sans doute raison, mais, pour les uns et les autres, le temps presse et le vote de la « règle d'or » serait assurément un signal fort pour nos partenaires européens... et pour les marchés. La voie de la convergence de nos économies est incontournable. Nous devons nous y acheminer en ne perdant pas de vue que c'est la seule voie aujourd'hui pour additionner nos forces, sauf à accepter de nous retrouver marginalisés par des pays émergents qui sont à eux seuls des continents. Cette convergence devra s'appréhender au regard de l'exercice de la subsidiarité, c'est-à-dire en donnant à nos Parlements nationaux la place et le rôle qui leur revient. Ce n'est pas l'abandon de nos souverainetés nationales, mais le partage de nos souverainetés pour donner à la gouvernance économique de l'Union une vraie cohérence. La réforme constitutionnelle de 2008, l'application du traité de Lisbonne nous le permettent.

Cinquante ans après, il existe de réelles similitudes avec la politique européenne menée par le président Sarkozy : le même souci de l'intergouvernemental dans les moments difficiles ; la même préoccupation du rôle moteur du couple franco-allemand. Toutefois, il y a une vraie différence, et d'importance : le partage de la souveraineté nationale en matière de discipline budgétaire au travers du semestre européen. Le Général aurait-il fait preuve de pragmatisme au regard du semestre européen, car il en va de l'intérêt de la France ? En d'autres termes, aurait-il validé le concept du semestre européen en donnant au Conseil un rôle prééminent et de dernier ressort par rapport à la Commission ? C'est plus que possible.

Renan disait d'une nation que c'était « un rêve d'avenir partagé ». Plus que jamais, cette définition s'impose désormais à l'Europe. Plus que jamais, nous avons besoin d'Europe. Plus que jamais, sa construction doit être l'objet de toute notre attention – une construction qui sera toujours en devenir car l'Europe doit s'adapter à un monde en permanente évolution.

Quelques réflexions sur la souveraineté

par Philippe Leroy

L'une des qualités essentielles et permanentes du gaullisme est de savoir agir et réagir simplement, dans un monde à facettes multiples imbriquées et évolutives. Il s'agit de traiter simplement les choses compliquées comme le pensait le général de Gaulle. Cette simplicité est pour une bonne part fondée sur deux principes symétriques hérités des profondeurs de notre histoire. Le premier repose sur la primauté de la liberté individuelle, de l'épanouissement de tous les hommes et de l'importance de l'action de chacun pour la réussite de tous. Le second est de confier la garantie de la liberté individuelle et de ses valeurs à un État fort exerçant l'autorité de la nation dans un monde en constante évolution.

Rien dans l'histoire récente ne peut nous conduire à penser autrement. Cependant, la notion de souveraineté nationale mérite d'être revisitée au moment où nous abordons l'ère de la globalisation de l'humanité avec les systèmes Internet qui relient instantanément tous les habitants du globe.

Repenser notre souveraineté est un devoir lorsqu'on sait l'urgence à mieux fonder l'Europe pour défendre – éventuellement par la force – nos valeurs humanistes dans un monde où les systèmes de pensée ne sont pas toujours proches des nôtres. Repenser notre souveraineté devient urgent au moment où les systèmes économiques mondialisés risquent de nous faire perdre notre autonomie faute de puissance européenne comme l'illustre la crise actuelle.

Le temps est venu d'une réflexion à la fois sur le devoir de rester nous-mêmes ainsi que sur l'exaltante aventure de l'Union européenne garante de paix, de liberté et de richesses. Il nous faut une France forte, généreuse, jouant un rôle universel et sachant s'associer au destin d'une Europe en construction, partageant et sauvegardant notre socle de valeurs.

Quid de cette souveraineté dans une Europe en construction et dans un monde global que nous prédisait si bien Teilhard de Chardin, il y a presque cinquante ans ? *Quid* de cette souveraineté au moment où la gouvernance européenne cherche sa voie ? On ne peut évacuer ces questions par la seule affirmation de la souveraineté partagée. Il faut appliquer cette notion aux différentes compétences qu'on peut partager sans risque et à celles qu'on veut absolument conserver. Il nous faut, à ce propos, affirmer nos pensées dans le cadre de la réflexion menée par l'Amicale gaulliste du Sénat.

De Gaulle et la politique étrangère

par Robert del Picchia

La politique étrangère est l'expression de la nation sur la scène internationale. C'est ainsi que le fondateur de la Ve République la concevait. Pendant près de trente ans, Charles de Gaulle a conduit une politique étrangère particulière, fondée sur une « certaine idée » de l'intérêt national et de l'ordre européen. Sa conception des relations internationales françaises était naturellement influencée par le contexte aussi bien que par son histoire personnelle. Il n'en reste pas moins que certains principes qui ont commandé sa politique étrangère sont intangibles : l'indépendance de la nation, la souveraineté des États, l'importance du rôle de la France sur la scène internationale.

Un domaine élyséen

Marqué par l'histoire du continent européen, par son attachement à la grandeur et l'intérêt de la France, le général de Gaulle a développé l'idée que les États-nations sont les principaux acteurs de la politique étrangère. Il considérait bonne une politique étrangère qui visait à réaliser l'intérêt national défini par les chefs d'État. Domaine réservé, la politique des affaires étrangères doit être menée à l'abri des contingences partisanes de la politique intérieure. Le chef d'État, affranchi de toute influence, devient alors le guide symbolique d'une nation incarnée. Responsabilité quasi exclusive du président de la République, élu au suffrage universel direct, les affaires étrangères restent un axe de compétence privilégiée de l'Élysée. La constitution d'une cellule diplomatique forte, dirigée par un diplomate de grande expérience, en est aujourd'hui la traduction concrète.

L'article 14 de la Constitution qui prévoit l'accréditation des ambassadeurs par le chef de l'État, suivi immédiatement par la disposition qui prévoit que le président de la République est le chef des armées, conforte non seulement la prépondérance institutionnelle de l'Élysée, mais aussi l'appui que représente pour la bonne réalisation de la représentation internationale de la France la politique de défense. L'envoi de troupes françaises sur les théâtres de conflits extérieurs est un outil de la politique diplomatique de la France. Cela renforce l'autorité du président de la République dans ce domaine.

L'omniprésence de l'Élysée dans la gestion des affaires étrangères a paradoxalement suscité un certain nombre de critiques. Pourtant, le président de la République n'a jamais cessé d'être le véritable chef de la diplomatie française sous la Ve République. Si certains locataires du Quai d'Orsay ont pu imprimer une marque pérenne sur la politique française, cela a toujours été pour relayer les grandes décisions du chef de l'État. Cette réalité incontestable a été d'autant plus vérifiée en période de cohabitation. Historiquement, constitutionnellement, le président de la République représente de fait seul la France sur la scène internationale.

L'idée de nation

Le style du général de Gaulle a particulièrement frappé les esprits par son caractère direct, presque choquant, si peu habituel dans le milieu diplomatique. La forme saisissait par ce qu'elle avait de clarté : la défense des intérêts de la nation, sans considération des conflits internes, au milieu d'un environnement international tantôt stable, tantôt changeant. La ligne défendue : au-delà des positions de principe, de la défense des valeurs françaises, c'est bien l'intérêt de la France, sa place au milieu du concert des nations, qui doit motiver la définition des stratégies d'alliance de la nation. C'est là une conviction de Charles de Gaulle, qui écrit en 1945 : « Dans le monde tel qu'il est aujourd'hui, deux très grandes puissances subsistent... Il n'est que de regarder la carte pour comprendre que dans cette situation notre intérêt vital nous commande de nous tenir rigoureusement en équilibre. Nous prétendons par conséquent pratiquer l'amitié, dans la mesure où cela dépend de nous, vers l'Orient et vers l'Occident, les yeux ouverts et les mains libres... Nous savons que notre équilibre se confond avec l'équilibre de la paix et nous sommes bien décidés à ne point nous en départir, certains qu'après diverses oscillations, c'est sur notre propre attitude que se fera, en définitive, et à l'avantage général, l'équilibre de la balance. » Malgré certains échecs techniques et les hésitations de sa politique, de Gaulle était convaincu que le démantèlement des « blocs » était la bonne perspective. En dehors de celle-ci, dans un monde polarisé derrière tantôt les États-Unis, tantôt la Russie, il ne pouvait y avoir de place satisfaisante pour la France. L'acceptation de la politique des autres dirigeants ne pouvait pas être la politique étrangère de la France.

C'est bien l'idée d'une exception française qui prévaut aujourd'hui encore : par son histoire, par sa géographie, par sa culture, la France doit toujours se démarquer des positions dominantes. Elle ne gagnera rien à se soumettre à un ordre établi, mais bien à contribuer, en le marquant de son influence, à la construction d'un équilibre nouveau. La force d'un pays ne peut se résumer à son poids économique ou militaire. Chaque pays est une entité originale, individuelle, différente. Ce à quoi une nation peut aspirer dépend également de son histoire, de sa stabilité institutionnelle, de l'image qu'elle projette d'elle-même dans le monde.

La France n'est jamais si conforme à elle-même que lorsqu'elle est indépendante et capable de fédérer sur ses propositions. L'exemple contemporain le plus éclatant est probablement le discours prononcé par Dominique de Villepin devant le Conseil de sécurité de l'ONU en février 2003. Pour justifier le non-alignement sur les positions belliqueuses américaines, M. de Villepin, au nom du président Chirac, en appelle à l'identité française, au poids de son histoire, redressant la tête d'un pays dont la fierté était alors largement mise à mal par les médias nord-atlantiques : « Et c'est un vieux pays, la France, d'un vieux continent comme le mien, l'Europe, qui vous le dit aujourd'hui, qui a connu les guerres, l'occupation, la barbarie. Un pays qui n'oublie pas et qui sait tout ce qu'il doit aux combattants de la liberté venus d'Amérique et d'ailleurs. Et qui pourtant n'a cessé de se tenir debout face à l'histoire et devant les hommes. Fidèle à ses valeurs, il veut agir résolument avec tous les membres de la communauté internationale. Il croit en notre capacité à construire ensemble un monde meilleur. »

Une constante volonté d'indépendance

Il s'agit là d'un autre axe majeur de la politique gaullienne : l'indépendance est le corollaire de l'existence. Pour légitimer sa représentativité, de Gaulle n'a cessé de manifester son indépendance. Ainsi Vichy ne pouvait être la France puisque ce gouvernement n'était pas indépendant. Par tempérament autant que par stratégie politique, le Général a souvent montré cette indépendance, même à l'égard de ses alliés. Il n'est pas contestable que c'est cette volonté d'indépendance qui est à l'origine de la décision de retirer la France du commandement militaire de l'OTAN, annoncé le 21 février 1966 : « Au total, comme il l'affirme dans cette allocution, il s'agit de rétablir une situation normale de souveraineté dans laquelle ce qui est français, en fait de sol, de ciel, de mer et de forces et tout élément étranger qui se trouverait en France, ne relèverait plus que des seules autorités françaises. » Cette décision spectaculaire permettait à de Gaulle de pratiquer plus largement la politique d'ouverture vers l'Est, comme vers l'Ouest, ce qu'il considérait conforme aux intérêts français.

De même, on peut lire dans le refus réitéré de l'adhésion du Royaume-Uni à la Communauté économique européenne une volonté d'indépendance vis-à-vis des États-Unis. Loin de rejeter une alliance nécessaire avec le leader du monde libre, il s'agissait de permettre une affirmation du Marché commun, affranchi et non subordonné aux États-Unis. Ainsi Charles de Gaulle rappelait-il dans son allocution du 31 décembre 1967 que l'Union européenne pourrait se faire par « l'affermissement du Marché commun, pour qu'il tende à l'affranchissement, non pas à la subordination de l'Ouest de notre continent », puis, un jour peut-être, « par l'élargissement de cette communauté, dès lors que les candidats se seraient mis politiquement et monétairement en mesure d'y entrer sans la détruire ni la dévoyer ».

Dès lors que la Grande-Bretagne considérait sa politique européenne en fonction de sa politique atlantique, son entrée dans la Communauté aurait eu pour résultat un basculement de cette dernière dans le giron américain. Ce grand marché euro-américain, c'était le projet de Kennedy, auquel de Gaulle ne pouvait consentir sans risquer une dilution de la nation française. John F. Kennedy avait annoncé dans un discours de Philadelphie, que « les États-Unis sont prêts à souscrire à une déclaration d'interdépendance [...] nous sommes en mesure de discuter avec une Europe unie des voies et des moyens pour former une association atlantique concrète ».

La position britannique est encore aujourd'hui frileuse face à une construction européenne au-delà de l'économie. L'action déterminée du chef d'État français, en coopération étroite avec la chancelière allemande, confirme la place plus motrice que jamais de la France sur le continent européen. Car aujourd'hui, c'est bien la solidité des liens avec nos partenaires européens qui nous garantit une indépendance politique. La finance, nouvelle menace en ce début de nouvelle décennie, de l'indépendance des États, doit être régulée. C'est par une union, menée par la France, en coopération avec l'Allemagne, que la stabilité sera retrouvée sur le continent européen. De Gaulle n'est pas loin...

Le rôle particulier de la France

La politique étrangère de la France est, aujourd'hui encore, marquée par des grandes conceptions gaulliennes de notre histoire : l'indépendance des États, la liberté des peuples à se déterminer eux-mêmes, la souveraineté des nations. On a pu critiquer l'outil diplomatique dans le contexte des révoltes populaires dans des pays arabes, pour avoir manqué d'anticipation. Certains ont encore dénoncé une mainmise de l'Élysée dans le dossier de la politique étrangère, court-circuitant le réseau diplomatique, dont les cris d'alarme seraient restés inaudibles. D'autres, enfin, ont pointé du doigt la complaisance de la classe politique française à l'égard de chefs d'État pour le moins contestables et finalement destitués par leur peuple. Le style du président Sarkozy est incontestablement différent : marqué par la volonté d'action, parfois au mépris des formes, il n'en apporte pas moins des résultats, qu'il s'agisse de la défense des otages français dans le monde, de la crise géorgienne, du rétablissement de la démocratie en Côte d'Ivoire… La « méthode Sarkozy », parfois proche du coup de poing, fonctionne. Il arrive, face à des dossiers de plus longue haleine, qu'elle s'essouffle, mais elle ne manque ni d'alliés, ni de vision.

Ainsi peut-on regarder l'intervention en Libye. La France, par l'intermédiaire d'Alain Juppé, a su convaincre les Nations unies de ne pas rester sur le banc de touche, regardant impassible le peuple libyen se faire massacrer par un dirigeant, aujourd'hui démis. Y eut-il des liens avec Mouammar Kadhafi ! Ces liens constituaient probablement la contrepartie de la libération des infirmières bulgares, retenues pendant des années dans les geôles libyennes. C'était une *realpolitik* !

Le sentiment de fierté nationale, la conviction que la voix et l'action de la France sont une plus-value à l'international, c'est un héritage gaullien qui permet de rassembler les Français. Le débat sur l'identité française a d'ailleurs manqué de cette composante. La France de l'après-guerre s'est reconstruite sur cette seconde victoire du général de Gaulle : la certitude, après la leçon humiliante de Yalta, que la France avait un rôle particulier à jouer dans l'organisation nouvelle du monde.

Équilibre des alliances et liberté des peuples

L'équilibre des alliances comme condition de l'indépendance est un autre axe d'action de Charles de Gaulle, qui a conduit à la coopération avec un grand nombre d'alliés, sans se soumettre à aucun, et notamment pas aux plus forts. On a pu regretter un rapprochement trop inconditionnel avec les États-Unis, qui a été dénoncé au début du quinquennat de Nicolas Sarkozy. Ce président qualifié alors de pro-américain, de pro-israélien, à la conception quasi commerciale de la diplomatie, est apparu en rupture avec les politiques traditionnelles françaises. En réalité, ce positionnement a permis un renforcement de nos relations avec les États-Unis, lesquelles avaient tellement souffert de notre refus, avec raison, de participer à la guerre « préventive » en Irak.

L'approche gaulliste, c'est aussi l'équilibre. C'est refuser la guerre en Irak, mais soutenir les alliés en Afghanistan. C'est reconnaître le droit à la sécurité d'Israël, comme celui des Palestiniens à une identité propre. C'est accepter de renoncer à des rapports exclusivement bilatéraux, marqués de l'empreinte colonialiste, pour imposer des directions conformes à nos convictions dans les négociations internationales. C'est également susciter des alliances nouvelles : dans la lignée de la reconnaissance des États nouveaux ou des gouvernements démocratiques, il est important que la France continue d'accompagner, comme elle le fait, dans des contextes différents, les processus d'évolution en Birmanie, en Tunisie, en Égypte.

Le général de Gaulle avait réaffirmé à Phnom Penh, devant 200 000 personnes, le principe intangible de la liberté des peuples à disposer d'eux-mêmes, refusant les impérialismes, apportant le soutien et la reconnaissance de la France aux nouveaux États, aussi loin et petits fussent-ils, aussi risqués également. Le choix de la coopération avec les pays d'Asie comme le Cambodge, mais aussi la Chine ou l'Inde était risqué. Il en allait de la crédibilité et du rayonnement de la France, dont l'intérêt, en tant que nation, était de porter ses valeurs le plus loin possible.

La coopération avec les autres États-nations est la clé de voûte de la politique extérieure gaullienne. Ceux-ci sont les seuls interlocuteurs légitimes. Aujourd'hui encore, il est indispensable de ne pas s'enfermer dans un « bloc », fût-il le G8 ou le G20. La France n'a jamais eu intérêt à se fondre dans la masse des pays occidentaux, face au reste du monde ; cela est toujours vrai aujourd'hui. La mondialisation oblige notre pays à un rôle spécifique au Conseil de sécurité : fermeté face à la Syrie ou à l'Iran, catalyseur de la décision pour la Libye ; promotion de l'émergence de la démocratie en Afrique.

Il existe des axes, géographiques, historiques, économiques, qui nous permettent de développer des coopérations qui nous paraissent fondamentales : l'accord de coopération militaire avec la Grande-Bretagne sur la défense nucléaire en est un, peu connu du grand public mais important pour notre politique de dissuasion. L'Union pour la Méditerranée en est un autre exemple : il nous paraît capital de réinvestir ce champ d'action, car la Méditerranée, berceau de la civilisation occidentale, est depuis des décennies au cœur des conflits les plus importants. Certes, la difficulté de faire asseoir à la même table Israël et les pays arabes, les révoltes des peuples en Égypte, en Tunisie, ont donné un coup d'arrêt à cette coopération naissante, mais ce projet demeure plus que jamais une nécessité. Le général de Gaulle avait imaginé l'Europe des nations contre la guerre ; nous pouvons aujourd'hui regarder la Méditerranée avec cette même ambition.

Français hors de France

La « diaspora » française dans le monde est un outil au service du rayonnement de notre nation dans le monde. On a souvent qualifié les ressortissants français partis vivre à l'étranger d'« ambassadeurs de la culture française ». En faisant connaître nos mœurs, notre culture, les Français établis à l'étranger participent à la construction de l'image que notre pays projette de lui-même à l'étranger.

Depuis la révision constitutionnelle de juillet 2008, c'est bien la nation, en tout cas sa représentation, qui est projetée à l'étranger. En effet, 11 députés seront élus pour la première fois par les 2 millions de Français à l'étranger. Plus de 1 million de votants inscrits, appelés à voter en personne ou à distance, dans les ambassades, les consulats, les écoles françaises… Et le Canada refuse aux ressortissants étrangers résidant sur son territoire le droit d'y organiser des scrutins électoraux étrangers !

Napoléon a réformé le droit de la nationalité en instaurant le *jus sanguinis* par lequel un individu peut transmettre sa nationalité à ses descendants comme un patrimoine. C'était un des facteurs contribuant à « étendre l'empire des lois françaises dans le monde ». Aujourd'hui, les Français peuvent choisir leur représentant à l'Assemblée nationale, où qu'ils soient dans le monde. Juin 2012 sera un temps où la nation ne connaîtra plus au travers du suffrage universel direct ses frontières.

La défense aujourd'hui

par Jacques Gautier

Dans le concert des nations, la France occupe une place particulière qui va bien au-delà de son poids démographique, économique et financier. Notre histoire et les valeurs de liberté et d'égalité que nous incarnons aux yeux du monde en sont une première explication, mais il est évident que notre passé et la symbolique des droits de l'homme ne suffisent pas aujourd'hui pour justifier notre rôle majeur dans l'ordre mondial.

Notre place et notre action de « membre permanent du Conseil de sécurité » étayent fortement notre poids international. Il ne faut pourtant pas oublier que cette reconnaissance n'allait pas de droit après la défaite de 1940 et qu'il a fallu toute la force de conviction et l'engagement total du général de Gaulle pour que la politique française atteigne ses objectifs avec plusieurs décisions majeures prises à la conférence de Yalta à laquelle nous n'étions pas conviés, notamment la reconnaissance pour la France de « puissance invitante » à la conférence devant instituer l'organisation des Nations unies, aux côtés des États-Unis, de la Grande-Bretagne, de l'URSS et de la Chine, impliquant que nous serions « membre permanent du futur Conseil de sécurité ».

Depuis plus de soixante-cinq ans, la France assume pleinement cette responsabilité qui nous engage à une vision globale et mondiale de notre politique étrangère et nous oblige à être l'un des acteurs majeurs des décisions du Conseil de sécurité des Nations unies. Toutefois, cette place serait restée précaire sans la volonté du général de Gaulle de doter notre pays d'une force de dissuasion nucléaire : « Pour la France, à qui sa situation géographique, sa raison d'être historique et sa nature politique interdisent la neutralité, pour la France qui, d'autre part, n'entend pas remettre son destin en propre à un étranger, si amical qu'il puisse être, il est absolument nécessaire qu'elle ait de quoi agir dans la guerre, autrement dit un armement atomique… Pour un pays, il n'y a pas d'indépendance imaginable s'il ne dispose pas d'un armement nucléaire. »

Mais le général de Gaulle avait aussi compris la nécessité de développer un outil militaire complet et autonome ainsi qu'une base industrielle de défense souveraine : « Nous sommes résolus, quoi qu'il arrive, à ne pas disparaître en tant qu'État et en tant que nation sans avoir défendu sur place le corps et l'âme de la patrie […] nous sommes en outre convaincus qu'en le faisant nous ménagerions une des chances de la victoire finale, tout cela nous conduit à avoir un armement nucléaire dont nous disposerions, en propre, pour frapper dans le domaine atomique. Cela nous conduit aussi à avoir de quoi intervenir, sur terre, sur mer et dans les airs, là où les circonstances nous paraîtraient le commander et enfin cela nous conduit à avoir de quoi opposer, le cas échéant, à l'envahisseur une résistance nationale sur notre propre territoire. Telles sont les conceptions qui ont conduit le chef de l'État et son gouvernement au plan d'organisation et au plan d'armement qui sont actuellement en vigueur ou en cours. » Toute la politique de défense de la France depuis cinquante ans figure dans ce discours prononcé le 15 février 1963 à l'École militaire par le général de Gaulle, président de la République. C'est cette volonté, ces choix, ces décisions qui ont permis à notre pays de se doter d'un outil de défense moderne, conforme à ses ambitions et au rôle qu'il entend jouer dans le monde. Les bases de notre outil de défense, sans cesse modernisé, ont permis de s'adapter à l'évolution permanente de la situation internationale et de disposer des moyens pour y répondre. Au moment ou nous préparons la mise à jour du Livre blanc de 2008, il est essentiel de retrouver ces fondamentaux qui rappellent que « sans volonté politique inébranlable, il ne peut y avoir de politique étrangère ou de défense ».

La part de l'Europe

Aujourd'hui, on pourrait imaginer que les menaces nucléaires ou conventionnelles se soient très largement atténuées. Toutefois, l'instabilité du monde, la montée en puissance de pays émergents, la prolifération nucléaire, les cyberattaques, le terrorisme, même régionalisé, font courir de nouveaux risques qui doivent être examinés en fonction de nos vulnérabilités et de notre capacité à y apporter des réponses précises.

Dans cet environnement mouvant, les efforts consacrés à la défense par les pays sont variables : certains pays lui consacrent une part significative de leur richesse – la France et la Grande-Bretagne maintiennent ainsi leurs efforts, malgré la crise –, alors que la plupart des autres pays européens paraissent avoir évacué l'idée de menace, baissent leur garde et réduisent leurs dépenses, déléguant souvent leur sécurité à d'autres, notamment les États-Unis au travers de l'OTAN.

Pourtant l'OTAN, dont les succès opérationnels sont reconnus, voit, notamment depuis l'intervention en 2011 en Libye une distanciation progressive des Américains qui privilégient maintenant leur « flanc pacifique » et attendent des Européens qu'ils prennent leur « part du fardeau » comme l'a rappelé le secrétaire d'État américain. Ce signal de nos alliés traditionnels doit amener l'Europe à réfléchir à la place qu'elle entend donner à une défense pour l'Europe « s'appuyant sur l'alliance, mais capable d'intervenir seule, en bilatéral ou en multilatéral ». L'accord de Lancaster House entre la France et le Royaume-Uni, conforté par notre intervention commune en Libye, montre que nous pouvons faire preuve d'initiative et que les Européens peuvent jouer un rôle essentiel pour des crises qui les concernent directement et pour lesquelles les États-Unis se sentent moins engagés.

La France et l'industrie de défense

La France doit conserver une industrie de défense puissante et innovante qui lui permette de disposer de manière permanente des équipements les plus performants pour assurer sa défense. Elle doit être en mesure d'initier et de conduire les partenariats nécessaires avec les industries des pays alliés pour conforter notre souveraineté, la sécurité et la fiabilité de nos armements.

Cette réalité, faite d'indépendance nationale (grâce à notre dissuasion et à notre outil de défense), de présence active au sein de l'Alliance atlantique, de maintien d'intérêts partagés avec d'autres nations européennes, peut parfaitement trouver sa place dans les principes chers au général de Gaulle dont le pragmatisme est une des marques. Ce pragmatisme doit nous conduire à prendre en compte la réalité du monde d'aujourd'hui, sans renoncer à la sauvegarde de notre État-nation.

La France ne doit donc pas baisser la garde dans le domaine nucléaire « tant qu'il existera un risque atomique pour elle et ses alliés dans le cadre d'accord de défense ». De la même façon, notre pays a l'obligation de sauvegarder sa base industrielle et technologique de défense en la recentrant, compte tenu de la crise économique, sur ce qui est essentiel à sa souveraineté (le « fameux premier cercle du livre blanc »). En revanche, il est souhaitable, pour des investissements qui n'ont pas la dimension essentielle de souveraineté et sur des équipements moins sensibles, d'engager une mutualisation avec des partenaires et alliés choisis.

Parallèlement, et cela figure déjà dans le livre blanc de 2008, la sécurité intérieure et la résilience de nos populations doivent être mieux prises en compte, notamment en raison de la cybercriminalité et du terrorisme. Cela pourrait impliquer de doter notre pays d'une véritable « réserve active » capable, chaque fois que nécessaire, de se substituer à nos forces déployées en opération extérieure ou à apporter un complément spécifique à celle-ci.

La place de la France dans le monde réside aussi dans sa politique étrangère et dans les perspectives qu'elle offre aux peuples asservis. Le général de Gaulle a lancé la formule de l'« autodétermination » qui leur permet de décider par eux-mêmes et pour eux-mêmes. Ce principe essentiel de la vision gaulliste doit rester un des « fils rouges » de notre politique étrangère.

Quatrième partie

ÉCONOMIE, SOCIÉTÉ, FISCALITÉ

Le gaullisme en économie

par Philippe Marini

Le général de Gaulle ne s'est jamais identifié à une doctrine économique. Adversaire résolu du marxisme comme de tous les totalitarismes, il a cependant admis et couvert de son autorité les nationalisations de la Libération. Contempteur de l'ultralibéralisme et critique vigilant des excès des marchés, il a cependant mis en œuvre, en 1958, la seule expérience profondément libérale que notre pays ait connue au XXe siècle. De la cohabitation de 1944-1945 avec une gauche étatiste dont le PC était la fraction la plus puissante, au redressement conduit avec Antoine Pinay et Jacques Rueff, quel singulier contraste !

En fait, pour de Gaulle, les priorités essentielles sont d'ordre politique et stratégique. Une économie en croissance n'est pas un but en soi, mais simplement la condition de l'indépendance et de l'influence de la France. D'où le compromis « colbertiste » des années 1960... Les grandes compagnies françaises, de statut public ou non, sont considérées comme un vecteur de nos technologies et de nos intérêts. Le financement de la recherche, les grands programmes industriels expriment ce volontarisme. Toutefois, de Gaulle demeure un « classique » en économie. Ses conversations avec Alain Peyrefitte, sur les raisons pour lesquelles le budget de 1965 devait être présenté en équilibre, sont révélatrices à cet égard. C'est une affaire d'indépendance à l'égard de ses créanciers. C'est aussi une nécessité de contrôler la machine administrative et l'usage des deniers publics. De même, les prises de position du Général sur l'étalon-or et son insatisfaction à l'égard du rôle planétaire du dollar illustrent le lien entre son raisonnement économique et sa vision de la France. Dans le champ social, de Gaulle cherche à concilier le ressort capitaliste – la maximisation du profit – avec la coexistence harmonieuse des parties prenantes de l'entreprise. Hostile aux intérêts corporatifs, il n'en reste pas moins solidaire du modèle social de l'après-guerre, dominé par le paritarisme.

Ces attitudes du siècle dernier peuvent-elles encore être sources d'inspiration et d'action pour notre époque de crise ? En d'autres termes, un modèle français issu du gaullisme a-t-il un sens dans le monde global où nous nous trouvons ? Au début des années 2000, on aurait volontiers répondu par la négative, et avec agacement, à ces deux questions. Entrés en 2008 dans une séquence totalement imprévisible, nos concitoyens ont perdu leurs repères. Il nous semble que les principes gaulliens peuvent au moins leur apporter une utile clé de lecture des événements présents. Quelle expression leur donner aujourd'hui, en matière économique, financière et sociale ?

Les principes fondateurs du gaullisme

En premier lieu figure le *principe de réalité*. Le refus des promesses démagogiques s'en déduit. Un pays aussi endetté que le nôtre dépend de la confiance des investisseurs qui ont acquis des titres de sa dette. Toute fuite en avant se paie de charges financières croissantes, qui viennent encore réduire les marges de manœuvre restantes. L'euro existe et doit être défendu.

Le *principe d'indépendance* surtout est fondamental. Le reflux de la dette, quels que soient les sacrifices qu'il appelle, est une impérieuse nécessité. Les modalités de la réponse européenne à la crise s'en déduisent. De nouvelles règles de gouvernance sont acceptables et nécessaires, au sein de la zone euro, dès lors qu'elles résultent d'une démarche intergouvernementale initiée par le couple franco-allemand. La parole de la France ne doit pas pouvoir être mise en doute... Mais nos choix et nos engagements ne sauraient résulter de l'enchaînement anonyme de compromis entre technocrates ou diplomates ou professionnels de la politique, à Bruxelles ou ailleurs...

Ainsi apparaît au premier plan le *principe de démocratie*. Les agences de notation, comme la Commission européenne, sont des structures techniques : elles ne sauraient imposer leur volonté à des États souverains. Rien de durable ne se bâtit sur le malentendu. Les incertitudes de la construction européenne le montrent bien : qui était conscient des limites imparties à l'action de la Banque centrale européenne pour défendre les maillons faibles de la monnaie unique ? Qui imaginait les conséquences d'une telle rigidité sur la perte de crédibilité de l'euro ? Comment faire partager par les peuples des décisions sur lesquelles ils n'ont jamais été consultés, alors qu'elles peuvent conditionner leur vie au quotidien ? Un gaulliste ne peut admettre de telles contradictions. Un gaulliste croit à la vérité de l'élection présidentielle, moment privilégié de notre démocratie.

Un gaulliste se réfère, en outre, au *principe de cohésion sociale*. Cette expression permet de retrouver l'inspiration sociale du gaullisme. Pour le Général, marqué par les révolutions et les totalitarismes de son temps, il s'agit de l'antidote à la lutte des classes, aux ferments de division, de dénigrements et de luttes internes, sur fond de jalousies et d'intérêts particuliers, qui ont fait tant de mal à notre pays depuis des siècles. Ainsi, la participation est vue comme un pacte social à l'échelle de l'entreprise. Cette dernière est bien l'enjeu essentiel. La vision sociale du gaullisme place l'entreprise au premier plan. C'est la preuve de sa modernité. Là où se créent les richesses, là où l'initiative s'exprime, le corps social doit trouver le juste compromis entre équité et efficacité. En regardant hors de nos frontières, nous pouvons observer des modèles d'organisation socio-économique, outre-Rhin ou en Scandinavie par exemple, qui, nés dans leurs contextes propres, relèvent de la même vision. Cette préoccupation, permanente dans le gaullisme, doit bien sûr être conciliée avec le principe de réalité, tel qu'il définit les règles de compétitivité dans un monde ouvert.

De Gaulle et le choix de la rigueur

La relecture, en 2012, des propos du général de Gaulle, en particulier ceux tenus à son ministre de l'Information à l'issue des Conseils des ministres, illustre à la fois le décalage entre les situations et le contraste entre les vocabulaires utilisés. Le Général apparaît bien loin du « politiquement correct » d'aujourd'hui. Ainsi, le 28 août 1963, à propos de la surchauffe économique et des risques d'inflation, il dit : « Stabiliser les prix et les salaires, c'est une politique digne d'un gouvernement. [...] Nous allons mener [...] une politique de rigueur. Le gouvernement est obligé de constater que la croissance des salaires et des prix dépasse ce qui est raisonnable. Il faut donc prendre des mesures plus draconiennes. » Notons aussi le soutien apporté aux économies indispensables, alors, pour gager l'évolution des salaires du secteur public (6 novembre 1963) : « La stabilisation affecte tout le monde, lance le Général à ses ministres. Tous y sont favorables, à condition qu'elle ne les touche pas. Si vous remettez tous en cause le resserrement de vos budgets, nous n'en sortirons pas. » N'oublions pas que seule la volonté de De Gaulle a imposé pour 1965 un budget « sans aucune impasse » : ce fut l'un des deux seuls budgets de la Ve République à être dans ce cas, l'autre étant sous Raymond Barre.

Là encore, c'est le mot « rigueur », si inconvenant pour ses successeurs, qui revient naturellement dans sa bouche (2 avril 1964) : « La rigueur s'impose à nous. Ce n'est pas seulement un problème d'équilibre des dépenses et des recettes, mais il faut que la part de l'État dans l'économie soit contenue [...]. L'État doit veiller aux équilibres ; à plus forte raison, il ne doit pas lui-même mettre en danger l'équilibre par sa propre masse. » Il est surprenant que cette profession de foi de libéralisme ne soit pas plus souvent citée. Après le Conseil des ministres du 17 juin 1964, le Général développe un raisonnement très proche de ce que nous appelons la « règle d'or budgétaire », c'est-à-dire une contrainte que l'État s'auto-administrerait afin de maîtriser ses déficits et d'assurer la réduction de son endettement. Il rappelle la volonté de Raymond Poincaré, en 1926, de faire adopter par le Congrès une révision constitutionnelle garantissant l'amortissement des dettes de l'État. Peyrefitte lui demande s'il s'agit d'interdire par une disposition organique le déficit d'une loi de finances. Le président semble acquis à cette idée mais, curieusement, quelques jours après, Valéry Giscard d'Estaing, ministre des Finances, se fait rabrouer après avoir repris à son compte le principe d'une loi constitutionnelle. Au nom du pragmatisme gaullien (26 août 1964) : « Il faut se laisser les mains libres. [...] La vie est imprévisible. Nous devons nous fixer des règles à nous-mêmes, mais ne pas nous les imposer artificiellement, pour une période future dont nous ignorons tout. »

Il est d'autant plus frappant d'observer que, pendant la même période, le volontarisme s'applique à la politique des revenus, aux relations entre patrons et salariés. Le péril de l'heure étant alors l'inflation, cela donne lieu à ce propos (12 novembre 1964) : « Il ne s'agit pas d'intervenir dans le débat entre patrons et syndicats, mais sur les entreprises. On peut imposer une limitation aux hausses de salaires en les pénalisant fiscalement. [...] Il faut se donner les moyens de faire pression sur les patrons. » Seul l'intérêt général doit guider la politique économique, non l'influence des groupes de pression, comme le Général le fait sentir à son ministre de l'Agriculture, Edgard Pisani, à propos de la détaxe des carburants agricoles (13 juillet 1965) : « Il doit être bien entendu que ce n'est pas à cause de négociations avec la profession, ni avec les groupes parlementaires, qu'il faut décider ces détaxes. »

Le gaullisme pour faire face à la crise

Source d'inspiration pour ses héritiers politiques et plus largement pour celles et ceux, quelles que soient leurs appartenances partisanes, qui expriment intérêt ou même fascination pour son personnage ou son action, de Gaulle n'a cessé de s'adapter aux circonstances en demeurant fidèle aux valeurs qui l'animaient et surtout à sa foi dans la France. Nos concitoyens, si prompts à exprimer leurs revendications et leurs mécontentements, si influencés par les groupes d'intérêts de toutes sortes et par le système médiatique, peuvent encore le considérer comme une référence permanente de l'histoire contemporaine de notre pays. Il n'y a donc rien d'étrange à se réclamer aujourd'hui du gaullisme pour ceux qui identifient les défis de notre période de crise et veulent rassembler les énergies de leurs concitoyens.

Pour autant, la politique économique de notre pays, dans le contexte de l'union économique et monétaire et du système européen de banques centrales, devra être inventée à partir des données réelles de notre époque, dans le respect des principes rappelés ci-dessus : principe de réalité, principe d'indépendance, principe de démocratie, principe de cohésion sociale. Le gaullisme ne donne pas de recettes, mais seulement des convictions et des orientations. Au moins, il relativise les petits intérêts et les petites manœuvres auxquels la Ve République devait mettre fin. Il met l'accent sur la souveraineté nationale, c'est-à-dire notre authenticité et notre raison d'être, par rapport au mirage supranational, intégration confisquée par une petite catégorie de « sachants ». Reste qu'en aucun cas le gaullisme n'est un programme. Encore moins, peut-être, dans les domaines économique, social et financier.

La participation : un socle pour le gaullisme

par Isabelle Debré

On connaît moins les réflexions du général de Gaulle ayant trait aux questions économiques et sociales. De Gaulle est, dans l'inconscient collectif, l'homme qui s'est opposé de toutes ses forces à la décadence de la France, au défaitisme et à la compromission avec l'ennemi. De Gaulle est l'incarnation de la liberté, de l'honneur et de la fierté retrouvés ; il n'est pas spontanément perçu comme un théoricien, encore moins comme un économiste. Et pourtant ! Sa pensée forme un tout. Il ne saurait être question de grandeur et d'indépendance sans économie forte et relations sociales apaisées. C'est cette « troisième voie » qu'il propose, conscient, d'une part, que le capitalisme ne peut être considéré comme une finalité tant il génère injustice et brutalité et, d'autre part, que le communisme n'est rien d'autre qu'une forme étatique d'aliénation des travailleurs et de leur liberté. Cette troisième voie a pris tour à tour le nom d'« association », puis de « participation ».

De 1830 à la troisième voie

De Gaulle est, au terme de la Seconde Guerre mondiale, un homme providentiel à la tête d'un pays en ruine. Il est aux yeux de tous celui qui a seul légitimité pour réaliser la synthèse des aspirations des différentes sensibilités politiques et idéologiques réunies au sein du Conseil national de la Résistance. Il a alors pleine conscience que le monde entre dans une période, à tout le moins incertaine, au pire conflictuelle, avec la confrontation potentielle des deux grandes puissances qui ont dominé la fin de la guerre, les États-Unis d'Amérique et l'Union soviétique.

Les États-Unis ont foi en l'économie libérale de marché, en la responsabilité individuelle et la propriété privée des moyens de production ; l'Union soviétique promeut l'économie dirigée, l'appropriation collective des moyens de production et la dictature du prolétariat. En homme pragmatique qu'il est, de Gaulle théorise une « troisième voie » qui est celle de l'association/participation. Il a en effet conscience des dégâts engendrés par le mode de production capitaliste, qui aliène les travailleurs en les soumettant à la machine et aux détenteurs du capital. De même rejette-t-il le mode de production collectiviste qui, loin de permettre aux travailleurs de recouvrer leur dignité et de leur conférer un droit de propriété sur leur outil de travail, les prépare à de nouvelles formes d'aliénation, cette fois d'origine étatique.

Son aversion pour l'individualisme le plus outrancier et le libéralisme comme son rejet du collectivisme et de l'étatisme ne sont pas sans lien avec l'éducation catholique qui fut la sienne. De Gaulle considère que l'homme doit passer avant les lois de l'économie et qu'il est nécessaire de promouvoir la justice sociale comme le bien commun. Son discours à Bagatelle le 1er mai 1950 permet de comprendre à quel point de Gaulle a pris la mesure du caractère stérile de la confrontation des deux systèmes et des menaces que celle-ci fait peser à la fois sur l'unité nationale et la paix entre les nations. « Un jour, la machine a paru. Le capital l'a épousée. Le couple a pris possession du monde. Dès lors, beaucoup d'hommes, surtout les ouvriers, sont tombés sous sa dépendance. Liés aux machines quant à leur travail, au patron quant à leur salaire : ils se sentent moralement réduits et matériellement menacés. Et voilà la lutte des classes ! Elle est partout, aux ateliers, aux champs, aux bureaux, dans la rue, au fond des yeux et des âmes. Elle empoisonne les rapports humains, affole les États, brise l'unité des nations, fomente les guerres. »

Pour lui, la question sociale est centrale et il considère qu'elle demeure posée sans avoir jamais été résolue. « Peut-être pour mettre en route la société moderne avec ses forces économiques, sa grande industrie, son développement rapide, voire effréné, fallait-il en passer par le capitalisme. Mais je dis formellement que cette époque est révolue. »

Le 25 septembre 1949, le général de Gaulle déclare : « Nous ne considérons pas que le salariat, c'est-à-dire l'emploi d'un homme par un autre, doive être la base définitive de l'économie française ni de la société française. Cela, nous ne l'admettons pas. Il faut avoir l'intelligence et le courage d'abolir le salariat. » Son ambition pour la France est clairement : « L'Association des hommes, de leurs intérêts, de leurs capacités. » Il dit aussi : « Ce sont des sociétaires, et non des adversaires, qui, selon nous, doivent assurer ensemble la marche des entreprises » ; ou encore : « C'est l'association réelle et contractuelle que nous voulons établir et non pas ses succédanés : primes à la productivité, actionnariat ouvrier, intéressement aux bénéfices, par quoi certains qui se croient habiles essaient de la détourner. »

Ces concepts d'association et de participation sont anciens. Les premières idées d'association du capital et du travail apparaissent dans les années 1830 : Saint-Simon, Fourier, Victor Considérant, Lacordaire, Proudhon et Lammenais. Quant aux premières expériences d'association du capital et du travail, elles remontent au milieu du XIXe siècle, menées par des patrons « éclairés ». Ces derniers sont généralement eux-mêmes issus du monde ouvrier ou mus par un idéal, socialiste ou d'inspiration chrétienne.

Edme-Jean Leclaire, ancien commis de peinture en bâtiment, fonde sa propre entreprise, puis la dote d'une société de secours mutuel. En 1842, il organise le système de participation de son personnel dans ses bénéfices. « Aimons-nous, aidons-nous. »

Jean-Baptiste Godin, entrepreneur autodidacte socialiste et fouriériste, fondateur du fameux Familistère de Guise, est, quant à lui, convaincu que le progrès social peut accompagner le progrès scientifique et technique. Le 13 août 1880, il crée l'Association du capital et du travail, dont les buts sont économiques : l'organisation de la solidarité entre ses membres et l'appropriation du capital par les travailleurs. L'émancipation et la démocratie sociale sont au cœur de ses préoccupations.

En 1879, Laroche-Joubert présente le premier grand texte législatif traitant de l'association du capital et du travail et, plus particulièrement, de la participation aux bénéfices. Laroche-Joubert était un bonapartiste de gauche, qui avait mis en application dès 1843, dans l'industrie de fabrication de papier de son père, un système de participation en faveur des employés. Dans la foulée de ce premier texte furent présentées de nombreuses propositions de loi : participation aux bénéfices, aux sociétés coopératives de production, aux sociétés d'ouvriers, à l'actionnariat ouvrier collectif. Elles émanent pour la plupart de parlementaires issus de la gauche démocratique ou radicale. Les IIIe et IVe Républiques connaissent une intense activité de réflexion sur la participation des salariés à la vie de l'entreprise, mais ces propositions ne débouchèrent sur rien de bien concret.

L'un des principaux inspirateurs du général de Gaulle fut sans doute Marcel Loichot, polytechnicien fondateur d'une entreprise industrielle de dimension internationale et théoricien du pancapitalisme, modèle de société dépassant les contradictions des systèmes capitaliste et communiste et qui permet aux travailleurs de recevoir une partie de l'accroissement du patrimoine de leur entreprise. Loichot, Capitant et Louis Vallon, auteur de l'amendement à la loi du 12 juillet 1965 modifiant l'imposition des entreprises et des revenus de capitaux mobiliers qui ouvrait la voie à l'instauration de la participation dans l'entreprise, travaillèrent ensemble à la promotion du modèle pancapitaliste.

Trois dates marquantes pour une ambition inachevée

– *22 février 1945* : promulgation de l'ordonnance sur les comités d'entreprise dans les établissements de plus de 100 salariés.

– *7 janvier 1959* : promulgation de l'ordonnance qui met en place un régime d'intéressement facultatif sur la base d'un intéressement collectif aux résultats, à l'accroissement de la productivité, au capital.

– *17 août 1967* : ordonnance relative à la participation des salariés aux fruits de l'expansion des entreprises, rendue obligatoire dans les établissements de plus de 100 salariés.

Malgré les avancées incontestables que représentent ces trois textes, les grandes ambitions portées par la participation telle que le Général la concevait n'ont pas été pleinement réalisées. Il s'agissait d'édifier un nouvel ordre social et pas seulement de mettre en place un actionnariat salarié et un intéressement, techniques relevant de la gestion des ressources humaines des entreprises. Censée concourir à la construction d'une nouvelle organisation économique et sociale, la participation est issue aussi de la vision de la démocratie économique et sociale du programme du Conseil national de la Résistance.

Il reste donc de cette forte intention qu'est la participation un certain nombre de mesures qui, sans être négligeables, ne suffisent pas à caractériser un modèle original différent du modèle capitaliste productiviste et du modèle communiste déresponsabilisant et aliénant.

Le général de Gaulle s'est heurté tout d'abord au scepticisme de ses pairs, et des gaullistes eux-mêmes, de son Premier ministre Georges Pompidou peu convaincu que le grand dessein de la participation suffirait à améliorer la compétitivité des entreprises. Il a aussi affronté l'activisme du patronat hostile à la perspective de voir les travailleurs prendre possession d'une partie du capital de l'entreprise et participer à sa gestion. Il s'est, enfin, trouvé confronté à l'hostilité de la majorité des syndicats qui voyaient dans la participation un artifice uniquement destiné à désamorcer les grèves et à empêcher toute réponse salariale aux revendications exprimées par les ouvriers.

Certes la participation à la française est aujourd'hui principalement perçue comme un ensemble de techniques financières et fiscales complexes, difficile à comprendre et par conséquent à s'approprier. Certes, la multiplication des textes législatifs adoptés depuis 1969 et l'instabilité juridique chronique qui affecte la participation ne contribuent pas à son attrait et à sa compréhension ; mais on aurait tort de considérer les avancées nées de la participation comme négligeables malgré ses faiblesses. Cette grande idée de la participation demeure vivante !

Les dispositifs d'aujourd'hui

Quatre dispositifs distincts, dont trois (intéressement, participation, plans d'épargne salariale) constituent à proprement parler la participation financière, le quatrième mécanisme (l'actionnariat salarié) relevant de la gestion participative.

L'INTÉRESSEMENT

L'intéressement est un dispositif facultatif pour l'entreprise. Il peut être mis en place pour une année (lorsqu'il s'inscrit dans le cadre d'un premier accord d'intéressement, cette possibilité est ouverte jusqu'au 31 décembre 2012) ou pour trois ans. Librement négocié dans l'entreprise, il peut prévoir une motivation financière liée aux résultats ou aux performances de l'entreprise, ce qui lui confère un caractère aléatoire et en aucun cas répétitif.

Les sommes sont distribuées aux salariés au titre de l'intéressement selon une formule définie par l'accord d'intéressement. Ces sommes ne peuvent en aucun cas se substituer à un élément de salaire ni aux primes existantes et elles peuvent être complétées, le cas échéant, par un supplément d'intéressement. Tel est le cas lorsque l'entreprise réalise des bénéfices exceptionnels.

Les salariés peuvent demander la perception immédiate des sommes issues de l'intéressement. En ce cas, elles sont imposables au titre de l'impôt sur le revenu. Elles peuvent également être déposées sur un compte courant ouvert dans l'entreprise ou sur un plan d'épargne salariale mis en place par l'entreprise. Les sommes versées par le salarié sur ce plan sont épargnées pendant cinq ans, ce qui implique leur blocage total, sauf exceptions bien définies. En tant qu'épargne, elles bénéficient d'une fiscalité avantageuse dans la mesure où elles ne sont pas soumises à l'impôt.

LA PARTICIPATION

En tant que dispositif à part entière de la gestion participative voulue par le général de Gaulle, la participation est obligatoire pour les établissements de plus de 50 salariés (depuis 1990) et facultative en deçà de ce seuil. Elle permet d'associer directement les salariés aux résultats de l'entreprise en assurant la redistribution d'une partie de ceux-ci.

Comme l'intéressement, elle est mise en place par voie d'accord négocié dans l'entreprise. La formule de calcul de la réserve de participation, souvent considérée comme dépassée, permet de déterminer le montant des sommes à redistribuer aux salariés. Il s'agit d'une formule légale à laquelle il est toutefois possible de déroger à la condition expresse que la formule dérogatoire à laquelle il est recouru soit plus favorable aux salariés.

Les sommes allouées sont en principe bloquées pour une durée de cinq années – voire jusqu'à la retraite si elles sont placées dans un plan d'épargne pour la retraite collectif (PERCO) –, sauf si le salarié demande à les percevoir immédiatement. Les sommes qui ne sont pas perçues immédiatement constituent pour le salarié une épargne qu'il peut investir dans un plan d'épargne ouvert par l'entreprise. Au même titre que l'intéressement, la participation peut être ponctuellement complétée d'un supplément, sur décision de l'entreprise.

LES PLANS D'ÉPARGNE SALARIALE

Ceux-ci peuvent être mis en place par voie d'accord négocié dans l'entreprise, mais aussi sur décision unilatérale de l'employeur en cas d'échec des négociations. Ils constituent le véhicule d'investissement type des sommes épargnées par les salariés, que celles-ci soient issues de la participation, de l'intéressement, de l'abondement éventuel de l'entreprise ou encore des apports volontaires des salariés.

Ces plans sont au nombre de deux : le plan d'épargne d'entreprise ou PEE (décliné en version interentreprises) et le plan d'épargne pour la retraite collectif ou PERCO (décliné également en version interentreprises). Il faut noter que les entreprises ayant mis en place un plan d'épargne d'entreprise depuis plus de trois ans sont tenues d'ouvrir une négociation en vue de la mise en place d'un PERCO, d'un plan d'épargne retraite d'entreprise (PERE) ou d'un régime de retraite supplémentaire à affiliation obligatoire pour les salariés. Il s'agit ainsi d'accélérer la mise en place de mécanismes de retraite complémentaires.

Le règlement des plans précise la nature des sommes que ceux-ci ont vocation à recueillir de même que les supports d'investissement proposés. Ces supports d'investissement sont généralement des fonds communs de placement, organismes de placement collectif en valeurs mobilières, dont les actifs sont constitués d'actions de l'entreprise ou d'actions diversifiées. L'épargne salariale constitue une forte opportunité pour un salarié de se constituer un patrimoine fiscalement privilégié puisque les plus-values sont exonérées d'impôt.

L'ACTIONNARIAT SALARIÉ

L'actionnariat salarié est la forme la plus aboutie de la participation. Elle existait déjà à l'état conceptuel dans le projet pancapitaliste de Marcel Loichot, qui comportait deux mesures :

– *L'autofinancement*, qui devait devenir la règle des entreprises pancapitalistes, tout bénéfice dépassant l'intérêt raisonnable des actions (au taux fixé à 5 %) devant, pour cet excédent, être ajouté au capital. Cette opération devait donner lieu à l'émission d'actions nouvelles, incessibles pendant une période de dix ans.

– *La répartition des actions nouvellement créées*, pour la première moitié, entre les actionnaires extérieurs et, pour la seconde, entre les salariés de l'entreprise proportionnellement à leurs salaires de l'exercice. Les porteurs d'actions, qu'elles soient anciennes ou nouvelles, pouvaient jouir de droits identiques, notamment celui d'élire le conseil d'administration.

Moins ambitieuse que le projet Loichot, la législation française offre cependant aux salariés la possibilité d'acquérir des actions de leur entreprise dans le cadre d'une augmentation de capital qui leur est réservée ou d'une cession d'actions préalablement rachetée par l'entreprise. Plusieurs mesures peuvent faciliter l'acquisition de ces actions : abondement des sommes versées par les souscripteurs, attribution d'actions gratuites, facilités de paiement ou encore crédit bancaire permettant d'obtenir un effet de levier.

À ces opérations destinées à développer l'actionnariat salarié peuvent s'ajouter, ou se substituer, les attributions d'actions gratuites aux salariés.

Quel bilan en quelques chiffres !

Au 30 juin 2001 :

– Les actifs gérés au titre de l'épargne salariale s'élevaient à 93,8 milliards d'euros, en progression de près de 11 % sur un an.

– Les fonds diversifiés (55,2 milliards d'euros) représentaient 59 % des encours contre 41 % pour les fonds d'actionnariat salarié (38,6 milliards d'euros). Les encours des fonds diversifiés progressaient de plus de 4 % sur six mois et de près de 6 % sur un an. Les encours des fonds d'actionnariat, quant à eux, progressaient de 8,5 % par rapport au 31 décembre 2010 et de plus de 17,5 % sur un an.

– Les investissements dans les fonds d'investissement socialement responsables (ISR) représentaient 9,8 milliards d'euros, soit un doublement des encours sur un an. Près de 18 % des encours de l'épargne salariale (hors actionnariat salarié) sont désormais investis sur des fonds ISR. Enfin, les placements dans le FCPE solidaires (1,8 milliard d'euros) affichent une progression de 12 % sur un an.

À titre de comparaison, l'assurance-vie a recueilli près de 115 milliards d'euros sur les onze premiers mois de l'année 2011 ! La participation demeure donc relativement marginale au regard de l'assurance-vie qui pèse près de 2 600 milliards d'euros.

Si l'on considère le nombre de bénéficiaires de l'épargne salariale (10 millions de salariés), la participation n'est donc qu'un demi-succès. On ne compte plus les rapports, dont le rapport Gournac-Maillard d'avril 2007, faisant le constat de l'insuccès des mesures destinées à étendre, par l'incitation, les dispositifs d'épargne salariale à l'ensemble du salariat français. Les salariés des petites et moyennes entreprises sont ceux qui ont le moins de possibilités d'accéder à une forme ou à une autre d'épargne salariale.

Le manque d'information sur l'épargne salariale, la frilosité du chef d'entreprise, l'absence de service juridique susceptible de préparer des accords en sont la cause.

À ces difficultés, le législateur a voulu répondre. Il a notamment imposé en 2006 une négociation obligatoire de branche pour la mise en œuvre d'un régime de participation, permettant aux entreprises qui le souhaitent d'adhérer au régime de participation retenu dans le cadre de la négociation.

Il a par ailleurs ouvert aux dirigeants d'entreprises des PME et à leurs conjoints, collaborateurs ou associés, la possibilité de bénéficier des plans d'épargne ouverts dans l'entreprise et des accords d'intéressement et de participation. Et cependant, 8 millions de salariés sont encore en marge de l'épargne salariale et en quelque sorte les « laissés-pour-compte » du grand dessein du général de Gaulle.

La participation dans l'entreprise a deux vertus : elle est un puissant facteur de cohésion interne et elle est aussi garante d'une meilleure rentabilité de l'entreprise. Elle est aussi un moyen de faire reculer « la souffrance au travail », ce qu'attestent toutes les études conduites sur l'environnement de travail. Il existe en effet « une relation graduelle entre le degré d'autoritarisme de la direction (de l'entreprise) et la propension de l'entreprise à devenir un terrain propice aux pathologies ; l'observation inverse vaut pour les établissements qui bénéficient d'une ouverture participative », comme le relève le rapport Gournac/Maillard précédemment cité, mais également le chercheur Patrick Guiol dans plusieurs rapports rédigés pour le compte du Centre national de la recherche scientifique.

Alors, si nous voulons progresser dans la voie tracée par les pères de la participation, il nous appartient d'envisager sérieusement la possibilité d'étendre, par voie législative, le caractère contraignant de la participation, tout en définissant un seuil en deçà duquel elle continuera à revêtir un caractère facultatif.

Les adaptations nécessaires requièrent volontarisme et courage de la part des pouvoirs publics et des politiques. Cependant, il faut nous interroger sur le choix du moment pour la poursuite de la politique de mise en place de la démocratie participative dans l'entreprise en ces temps de crise, de crédit bancaire rare et de fragilité de nos entreprises notamment petites et moyennes.

Et en Europe ?

Alors que le dossier est sur la table de la commission européenne et du Parlement européen depuis 1989 sous le nom de démarche PEPPER (Promotion of Employee Participation in Profits and Enterprise Results), celui-ci n'avance que modestement et pourtant la participation en ces temps de crises mériterait d'être érigée comme une voie permettant de concilier la performance économique des entreprises et le mieux-vivre des salariés. La crise ne devrait pas être un obstacle à sa mise en place. La participation pourrait même être considérée comme un des moyens de la sortie de la crise et d'un retour à un capitalisme pacifié faisant la part au dialogue entre partenaires dans l'entreprise, à l'élaboration de stratégies partagées, à la planification des objectifs sur le long terme.

Les dirigeants européens auraient à gagner à approfondir la question de la participation comme instrument de rétablissement économique de l'Union et de la confiance des citoyens en elle. C'est une conviction que les gaullistes pourraient promouvoir aujourd'hui !

Gaullisme et participation

par Alain Gournac

Pour l'historien ou le sociologue, le gaullisme ne peut être l'œuvre d'un homme seul. Il est l'expression de valeurs idéologiques qui animaient déjà, sous des formes différentes, certains groupes humains composant la société française. Pour éclairante qu'elle soit, l'étude des mentalités et des idéologies demeure cependant un mode d'approche réducteur qui ne peut que manquer la nouveauté de ce qui constitue la pierre angulaire du gaullisme.

On peut toujours rapporter une œuvre, qu'elle soit du domaine de l'esprit ou de l'action, à celles qui l'ont précédée. On peut y déceler des influences et des similitudes qui l'apparentent à un ensemble plus large. On peut voir, par exemple, une filiation entre bonapartisme et gaullisme, comme le fit René Rémond dans *Les Droites en France*. Il n'est pas sûr toutefois que la compréhension des événements les plus singuliers, des actions les plus remarquables puissent entièrement relever d'une approche de ce type.

L'esprit du 18 juin 1940

Si l'appel du 18 juin a pu être rapproché du « Non » d'Antigone et de quelques autres qui, dans l'histoire, ont scandé le malheur des hommes, c'est qu'il s'adressait à une part de l'individu beaucoup plus mystérieuse que celle dont la sociologie fait habituellement son objet. Répondre à cet appel qui fut une des plus hautes expressions politiques du refus, ce n'était pas, en juin 1940, une manière d'être *bonapartiste*. C'était une des façons les plus courageuses d'être *homme*.

Quelles que soient les nuances et les divergences qui parcoururent le gaullisme tout au long de son histoire et continuent de le parcourir, c'est dans ce refus exemplaire de l'inacceptable qu'il trouve son fondement. C'est de lui qu'il tient sa noblesse. C'est de lui qu'il tire sa force de contagion.

Lorsque le général de Gaulle abandonna le pouvoir au lendemain du référendum d'avril 1969, certains pensèrent que le gaullisme sans le général de Gaulle n'était plus tout à fait le gaullisme. Leur adhésion n'avait pas été une simple adhésion à des valeurs, mais une adhésion à un homme qui avait décidé de les assumer – là était le caractère inouï de l'appel du 18 juin. Ces gaullistes mesuraient la distance qui séparait l'invocation des valeurs de leur incarnation dans une action. « N'écoutez pas ce que je dis, professait Henri Bergson, regardez ce que je fais ! » Comme beaucoup de sa génération, de Gaulle avait lu le philosophe. Il n'avait pas fait que le lire. Sans doute savait-il également qu'en 1917, celui-ci, lors d'une mission secrète aux États-Unis, avait été suffisamment persuasif pour pousser le président Wilson à entrer en guerre aux côtés des alliés contre l'Allemagne.

Lancer le 18 juin cet appel, à l'un des moments les plus dramatiques de notre histoire, c'était décider de faire entendre une voix qui allait rejoindre dans l'imaginaire des hommes celles de ces grandes figures de notre histoire littéraire et politique qui déjà avaient su leur parler et les émouvoir au plus profond d'eux-mêmes. Cette voix était à nouveau celle de la France. Ce jour-là, en face du nazisme, tous les autres « -ismes » qui divisaient la société française (nationalisme, internationalisme, socialisme, capitalisme, etc.) devinrent dérisoires. Seule la France comptait. Une France debout et rassemblée pour lutter contre la menace de son effacement.

Au-delà de leurs divergences, c'est à cette fameuse date du 18 juin que les gaullistes ne peuvent, à juste raison, s'empêcher de revenir. Bien entendu, ce jour fut celui de la rencontre d'un homme et d'une conjoncture. Pour autant, il n'appartient pas au seul passé. Comme les fondations d'un édifice, il demeure continuellement opérant dans toute politique se réclamant du général de Gaulle.

Une troisième voie, entre capitalisme et socialisme

À la Libération, le Général estimait que la réforme la plus urgente était la création d'un État moderne, et non la question de l'appropriation par la collectivité des moyens de production. Ce n'était en rien faire le choix du capitalisme contre le socialisme. C'était faire le choix de ce qui lui paraissait capital pour un pays sortant d'une guerre qui l'avait divisé, désorganisé et affaibli.

Le général de Gaulle savait également que la pluralité des conditions et des opinions était constitutive de toute société et singulièrement de la société française. Mais cette pluralité n'était qu'un fait. Il entendait qu'on en tînt compte, nullement qu'on l'érigeât en valeur comme le faisaient les marxistes qui l'avaient baptisée « lutte des classes ». Vouloir fonder, comme les communistes s'y employaient, l'action politique sur l'exaspération d'une lutte entre classes sociales était à ses yeux une « chimère ». Pour lui, aucune action politique sérieuse ne pouvait se fonder sur la division. Celle-ci était une maladie qui, à terme, serait fatale à la nation.

L'unité nationale était son obsession. Aussi n'était-il ni un défenseur du capitalisme, ni son adversaire. Parce qu'il était avant tout du côté de la France, il ne se sentait nulle affinité avec les puissances d'argent. Réformer le pays consistait, pour l'homme d'État qu'il était, à se poser en arbitre de deux modèles de société, de deux modèles économiques. D'instinct il savait que, la conjugaison de la liberté et de la justice étant le problème le plus difficile de nos sociétés modernes, le bon équilibre ne pouvait être trouvé que s'il maintenait le regard fixé sur l'intérêt national comme sur le fléau d'une balance.

De Gaulle chercha donc à se construire une voie entre capitalisme et socialisme. Cette recherche d'une « troisième voie » apparaît très tôt chez lui. Elle avait à coup sûr sa source dans l'inquiétude qu'il éprouvait devant la « mécanisation générale » et l'« uniformisation » de nos sociétés modernes qui menaçaient le devenir de l'homme, sa place et sa dignité. « Rien ne garantira la paix, déclarait-il en 1941, rien ne sauvera l'ordre du monde si le parti de la libération, au milieu de l'évolution imposée aux sociétés par le progrès mécanique moderne, ne parvient pas à construire un ordre tel que la liberté, la sécurité, la dignité de chacun y soient exaltées et garanties [...]. On ne voit pas d'autres moyens d'assurer en définitive le triomphe de l'esprit sur la matière. Car, en dernier ressort, c'est bien de cela qu'il s'agit. »

La participation au service de l'unité nationale

Cette « troisième voie », commandée par le souci de l'unité nationale et la sauvegarde des valeurs humanistes, trouvera sa forme dans l'idée de participation des salariés aux bénéfices et à la vie de l'entreprise. L'idée encore aujourd'hui est souvent critiquée, mal comprise et son application imparfaite.

La participation telle que l'a voulue le général de Gaulle et telle qu'elle devrait se pratiquer comporte deux aspects inséparables : la participation financière, ou partage des résultats, et la participation à la vie de l'entreprise, l'implication dans ses projets, celle-ci pouvant aller, dans certains cas, jusqu'à la participation à la décision. Dans la pratique, il est fréquent de voir la participation se limiter à son seul aspect financier, la participation à la vie même de l'entreprise étant souvent oubliée ou négligée.

La conjugaison des deux dimensions, financière et humaine, de la participation, en instaurant une compréhension partagée de l'intérêt collectif, concourt à une plus grande vitalité de l'entreprise. Ce terme est à entendre dans toute l'étendue de sa signification. En effet, lorsque le style de direction mis en œuvre est attentif aux personnes, l'entreprise connaît moins d'accidents du travail, moins d'absentéisme, moins d'arrêts maladie. Différentes études menées aux États-Unis ont révélé que la participation financière était d'autant plus efficace qu'elle s'accompagnait d'une information très poussée, voire d'un partage du pouvoir avec les salariés, notamment avec les salariés actionnaires.

La participation, entre intéressement et plan d'épargne salarial

Bien présentée, la participation facilite donc la constitution d'une communauté d'intérêts autour de l'entreprise et renforce sa cohésion face aux contraintes de l'ouverture des marchés. Aussi va-t-elle très au-delà de la satisfaction toute passive que provoque une simple prime ou un quelconque bonus vite oubliés. Il convient de ne la confondre ni avec l'intéressement ni avec le plan d'épargne salarial, qui ne sont que ses cousins.

– L'*intéressement* apporte une assistance au management à court terme en contribuant à la motivation des hommes et des femmes au travail. Il propose des compléments de revenu collectifs, variables et aléatoires, négociés lors de la mise en place du système par la voie d'un accord.

– Le *plan d'épargne salarial*, lui, installe dans l'entreprise un « plus social » qui doit permettre aux salariés de se constituer une épargne collective avec l'aide de l'entreprise. Cette épargne peut être une épargne de précaution ou une épargne à plus long terme pouvant amener le salarié à se constituer un véritable capital individuel avec lequel il financera des projets personnels de plus grande importance, comme l'acquisition d'une résidence principale ou un surcomplément de revenu s'ajoutant au montant de sa retraite.

– La *participation*, à mi-chemin de l'un et de l'autre, vise à associer, dans la durée, les salariés à la vie de l'entreprise et à sa réussite par la distribution d'une partie du résultat annuel. C'est le succès de la communauté de l'entreprise, dans son ensemble, que la participation entend récompenser. Là également, un accord doit être négocié pour construire la participation, définir les moyens de l'information des salariés et établir une commission de suivi comme il en existe une pour l'intéressement. Nous sommes à nouveau ici dans un processus de motivation, mais l'accent est mis cette fois sur le renforcement du sentiment collectif d'appartenance à l'entreprise perçue dans sa globalité, sa durée et son développement.

Le résultat de l'entreprise est fonction du travail de l'ensemble de ceux qui y travaillent et, s'il est convenu de parler du résultat d'un exercice donné, ce résultat provient rarement du seul travail et des seuls investissements de l'année. Les investissements, matériels ou immatériels (recherche, efforts de prospection, etc.), réalisés par l'entreprise les années précédentes, les efforts qu'elle a consentis, dans l'exercice, pour préparer l'avenir en finançant par exemple de nouvelles recherches, participent à la constitution du « résultat de l'exercice », qu'il soit en hausse ou en baisse. C'est donc bien une forme d'« association » à la vie de l'entreprise, dans la durée, qui est réalisée par la « participation des salariés aux résultats de l'entreprise ».

De plus, dans ce système, les sommes versées aux salariés, indisponibles pendant cinq ans, peuvent être utilisées à la construction d'un mécanisme d'actionnariat qui, facilitant l'accession des salariés au capital de l'entreprise, approfondit leur lien avec elle. Ce mécanisme peut ainsi contribuer au financement de l'entreprise et, le statut d'associé s'ajoutant à celui de salarié, renforcer ainsi, en la prolongeant, la participation des salariés à la vie et aux résultats de l'entreprise.

Il est important de noter que les trop rares entreprises qui, employant moins de 50 salariés, ont mis en place un accord de participation se félicitent toutes d'un état d'esprit et d'une ambiance de travail exceptionnels. Si ces entreprises distribuent généreusement des éléments variables, parfois aléatoires, de revenus complémentaires peu chargés et peu fiscalisés, elles tiennent également des réunions d'information au moins annuelles sur la marche de l'entreprise et son résultat. Presque toutes s'attachent, en outre, à commenter la participation de l'année. Si certains dirigeants trouvent le mode de calcul un peu compliqué, ils conviennent cependant que ce mode de calcul traduit bien l'ensemble de la marche de l'entreprise et l'implication de l'équipe dans l'atteinte du résultat.

L'entreprise et la valorisation du collectif

La participation ne saurait être ni assimilée ni substituée au salaire. Elle n'a pas non plus vocation à remplacer des primes exceptionnelles. Si elle entre, de fait, dans les avantages divers que le salarié peut retirer de l'entreprise en échange de son travail, elle n'est en rien un élément de salaire. Elle n'est pas non plus une augmentation directe du pouvoir d'achat ou du montant de la retraite même si, par l'épargne et son déblocage, voire par le capital dont elle facilite la constitution, elle génère des revenus complémentaires.

Par construction, la participation doit être un système collectif. Son objectif est de motiver tout le personnel sur la réalisation du projet commun de l'entreprise. Aussi n'a-t-elle pas pour but de récompenser certains salariés, mais l'ensemble des salariés. En ce sens, la participation apporte du lien à tous les éléments qui travaillent dans l'entreprise et donne ainsi du sens à leur action.

Dans l'ensemble de ce que l'on appelle depuis une trentaine d'années la « compensation globale », il y a d'abord le salaire de base et un certain nombre d'avantages collectifs. Tous ne sont pas directement financiers. Beaucoup sont gérés par ou avec les comités d'entreprise quand ils existent. Il y a également la protection sociale au sens large, puis, toujours sous une forme collective, les trois systèmes d'épargne salariale. Les montants individualisés des salaires, les augmentations de salaire personnalisées, les primes exceptionnelles ou d'objectifs, ainsi que tout autre avantage accordé à une personne ou à un ensemble de personnes, se situent toujours dans la « compensation globale » mais sous une autre catégorie, celle de l'individualisation. La singularité de la participation est d'être un mécanisme dont la signification est collective. Elle apporte des compléments de revenus dans des conditions fiscales et sociales incitatives motivant l'ensemble des salariés sur le projet commun de l'entreprise. La fonction et la signification de l'intéressement des salariés à l'entreprise sont tout autres. Celui-ci permet, sinon l'individualisation parfaite, au moins la construction d'un système pouvant s'appliquer de façon différenciée à certains secteurs de l'entreprise. Il laisse un peu plus de souplesse à celle-ci dans la détermination du montant qu'elle veut distribuer. Aussi l'intéressement et la participation sont-ils complémentaires. Les fusionner ou les construire de la même façon serait une erreur.

Si la participation a connu certains dévoiements au fil des années, dans certaines entreprises qui n'osaient pas, ne pouvaient pas ou n'avaient pas besoin de l'investir dans leur capital ou dans leurs dettes à moyen terme pour contribuer à leur financement, elle reste un moyen privilégié d'association à la vie et au développement de l'entreprise. Même dans les entreprises qui, n'investissant pas dans leurs comptes la participation de leurs salariés, proposent à ceux-ci les fonds communs de placement d'entreprise, la participation sert à soutenir l'ensemble des entreprises et à faire participer les salariés au développement général de l'économie. Lors de la tenue des réunions de conseil de surveillance des fonds, si l'entreprise a encore la possibilité de trouver un gestionnaire qui accepte de lui ouvrir un ou des fonds dédiés, il est important qu'elle saisisse cette occasion pour organiser une information autour de la participation qu'elle distribue et du fonctionnement qui lui est propre.

Si la réforme des 35 heures, motivée par le souci de résorber le chômage par un partage du travail, a eu plus de conséquences négatives que positives, notamment en portant insidieusement, mais durablement atteinte à la valeur travail, il n'est pas sûr, loin de là, que la suppression du plafonnement de la durée légale du travail permette, à elle seule, la réhabilitation de cette valeur. Le problème est autrement plus compliqué. Il est en effet difficile d'accorder une grande valeur à des travaux peu intéressants. Il est également difficile d'accorder de la valeur à des travaux socialement déconsidérés. Il faut donc distinguer dans le travail l'activité elle-même de l'intégration sociale qu'elle offre à l'individu. Souvenons-nous du livre de Michel Tournier, *Vendredi ou la Vie sauvage* : isolé, désœuvré, n'ayant en face de lui qu'un horizon désespérément vide, Robinson se laisse peu à peu aller au renoncement. La seule façon pour lui d'éviter un deuxième naufrage, autrement plus mortifère que celui qui le jeta sur l'île Speranza, est de structurer ses journées et sa semaine en se composant un emploi du temps rythmé par des tâches et des moments de repos. Le travail, même difficile, a sous cet angle une valeur : il est structurant.

On sent très bien, dans cette rééducation de Robinson par lui-même, que, derrière cette organisation de la journée, se profile la nécessité pour lui d'un cadre social. Aussi lui faut-il, pour son véritable épanouissement, la rencontre avec Vendredi. Avec l'autre, devant qui tout travail acquiert, avec son utilité, sa justification.

Dans l'entreprise, « Vendredi » n'est qu'un nom, celui du départ en week-end. Celui de la séparation. Aussi se prend-on à rêver que ce personnage puisse en quelque sorte, malgré son nom, devenir le symbole de la réunion avec autrui, avec les autres salariés devant lesquels chacun se sentirait nécessaire. C'est ce que devrait permettre la participation à la vie de l'entreprise, celle rêvée par le général de Gaulle et qu'il imaginait étendue également à d'autres domaines que celui de la seule entreprise. Participation institutionnelle, qu'une différence non pas de degré mais de nature sépare de celle trop souvent réduite à son volet financier. Volet cependant nécessaire et sans lequel elle resterait de l'ordre de l'utopie.

Cinquième partie

LES TERRITOIRES

Unité nationale et aménagement du territoire

par Dominique de Legge et Philippe Dallier

La France est un État-nation. Elle a été forgée par plusieurs siècles d'un pouvoir centralisé et concentré comme nulle part ailleurs en Europe. Par-delà la nature du régime, monarchique, révolutionnaire, impérial ou républicain, la France s'est construite et agrandie sur la base d'un État fort, centralisé, concentrant le pouvoir en sa capitale jusqu'à la fin du XXe siècle. Les grands monarques de notre histoire, depuis Hugues Capet, Louis XI, Louis XIV et jusqu'à Napoléon, ont tous été des bâtisseurs de cet État central puissant, donnant au pays, petit à petit, de nouvelles lois, de nouvelles règles, qui finiront par être uniformément appliquées sur un territoire où la langue française, imposée par François Ier dans l'ordonnance de Villers-Cotterêts, devient le ciment de notre culture et de notre unité nationale.

La révolution de 1789 puis l'avènement de la République ne changeront rien à cet ordre des choses venu du fond de notre histoire. Au contraire, la République affirme dès ses débuts que la France est une et indivisible. Par la suite, quelles que soient les Constitutions, quelles que soient les majorités, de droite ou de gauche, elle se montrera toujours très frileuse vis-à-vis de tout mouvement pouvant conduire à un affaiblissement de l'État central au profit des territoires qui la composent. Si la IIIe République naissante amorce un embryon de décentralisation, avec quelques pouvoirs délégués aux communes et aux départements, les préfets restent les véritables maîtres du jeu. Après guerre, la IVe République ayant, avec la reconstruction et la décolonisation, d'autres préoccupations, la décentralisation n'est pas un sujet.

En 1958, lorsque le général de Gaulle revient au pouvoir, la France est au bord du gouffre et son premier souci sera de la doter d'institutions solides permettant au chef de l'État, placé en position d'ultime recours, de décider de l'essentiel et au gouvernement de gouverner. La réorganisation du territoire et des relations entre les collectivités territoriales et l'État ne figure donc pas au rang de ses priorités. Dix ans plus tard, ayant remis le pays sur pied et pris la mesure des choses après la crise de Mai 68, il tentera une réforme dont on connaît l'issue. Cependant, il est aussi celui qui demande à Paul Delouvrier, selon la formule apocryphe, de mettre de l'ordre dans ce qui ne s'appelait pas encore le Grand Paris. La création des départements de petite et de grande couronne parisienne a précédé le lancement des grands projets d'urbanisation et d'aménagement de la région capitale. Certes, il ne s'agit pas là de décentraliser, mais d'organiser efficacement les services de l'État pour répondre à l'immense demande de construction, nécessaire pour faire face au baby-boom de l'après-guerre, au retour des rapatriés d'Afrique du Nord et aussi pour faire disparaître les bidonvilles qui sont encore nombreux à l'époque.

Dès les années 1960, alors que nous étions encore en pleine croissance économique, il aurait fallu, et le général de Gaulle le souhaitait, réformer profondément notre organisation administrative et politique afin de mieux impliquer l'ensemble des forces vives de la nation, ainsi que les individus dans l'administration de celle-ci. Que chacun se sente représenté et puisse participer à la vie du pays, y compris dans le monde de l'entreprise : tels étaient alors les maîtres mots du Général. L'échec du référendum de 1969 en a décidé autrement, même si chacun sait bien que les Français ne se sont alors pas prononcés sur le fond du projet qui leur était soumis. Une fois l'échec référendaire advenu, toute idée de suppression ou de transformation radicale de l'une de nos institutions était manifestement morte pour longtemps. La tentative de regroupement de nos 36 000 communes, simplement proposé mais non imposé par la loi Marcellin de 1971, est un cuisant échec. Seules les propositions de création de structures nouvelles, amorcées avec les communautés urbaines, seront désormais des succès potentiels. Et encore faudra-t-il que l'État mette la main à la poche pour doter financièrement les nouveaux établissements publics. Après 1969, nous avons perdu plus d'une douzaine d'années avant de rouvrir le dossier, car c'est la gauche qui le fera avec les lois Defferre. Notons toutefois qu'en dehors de cette réforme institutionnelle, elle se gardera bien de toucher à l'ossature de la Constitution de la Ve République, alors que l'opposant féroce au Général que fut François Mitterrand en avait dit pis que pendre…

Où est l'État aujourd'hui ?

UNE DÉCENTRALISATION PLUS THÉORIQUE QUE RÉELLE

Trente ans après l'acte I et bientôt dix ans après l'acte II de la décentralisation, parfois perçu comme un acte manqué, un lourd sentiment d'inachevé est presque unanimement partagé par les élus locaux mais également par nos concitoyens. À force de complexification, notre modèle est devenu illisible, peu efficace et incompréhensible pour le commun des mortels.

Qui est responsable de quoi ? Plus personne ou presque ne le sait puisque chaque niveau de collectivité locale peut, au nom de la « clause de compétence générale », s'occuper de tout. Pour autant, est-il permis de s'interroger sur les principes mêmes qui fondent les lois de décentralisation, sans se voir taxé d'être un ennemi des libertés locales et de remettre en cause un acquis démocratique ? Nous prenons le risque de faire trois observations.

1. *Les lois de 1982 n'ont pas transféré des compétences à proprement parler, mais des services et des responsabilités de gestion.* Aucune compétence en matière scolaire, mais simplement la responsabilité de gérer des équipements ; aucune compétence en matière sociale, mais la responsabilité de gérer des dispositifs votés par le Parlement. Si l'on prend l'exemple des services de protection maternelle et infantile (PMI) et de l'aide sociale à l'enfance (ASE), qui constituent des dépenses majeures pour les départements, les textes disent que ce sont les services qui sont transférés et non les missions, ce qui laisse peu de possibilités réelles aux départements pour organiser et faire évoluer ces services ou encore pour créer des synergies avec d'autres services compétents en matière sociale – de façon significative, le code de l'action sociale et des familles parle toujours des services de PMI et de l'ASE. Autres exemples : quelle est la marge de manœuvre des conseils généraux en matière de revenu de solidarité active (RSA) ou d'allocation personnalisée d'autonomie (APA) ? Quelle est la marge de manœuvre des régions en matière de formation professionnelle ?

Il faut bien reconnaître que nous sommes aujourd'hui dans une situation ambiguë, avec une prescription qui reste nationale, au nom de l'égalité républicaine, et une mise en œuvre locale, confiée à des élus qui ne disposent d'aucune ou de peu de marge de manœuvre pour adapter la prescription nationale, tout en ayant une obligation de financement. Quelle légitimité et responsabilité ont ces élus pour conduire des politiques décidées ailleurs que dans les enceintes où ils siègent ? Nous sommes assez loin du principe posé par l'article 72 de la Constitution : « Dans les conditions prévues par la loi, les collectivités s'administrent librement par des conseils élus et disposent d'un pouvoir réglementaire pour l'exercice de leurs compétences. » On peut ainsi mieux comprendre l'exaspération des exécutifs locaux à qui l'on fait porter une responsabilité, précédemment assurée par le préfet au nom de l'État, son employeur, et qui se retrouve transférée à un élu qui n'est responsable que devant ceux qui l'ont mandaté et qui, par définition, n'est pas un agent de l'État.

2. *Dans le même temps où l'on transférait des compétences de gestion, on n'en tirait pas toutes les conséquences sur le plan financier.* Dans un État centralisé, l'État est garant de la cohésion sociale. Il disposait, jusqu'en 1980, de deux leviers : l'un local, avec les services préfectoraux ; l'autre national, avec ses grands opérateurs historiques, la création de la DATAR s'inscrivant dans cette logique.

Dans un État décentralisé, comment assumer cette mission de cohésion ? Il n'y a plus les opérateurs et, pour ce qui est des moyens, on observe qu'il n'y a pas adéquation entre les richesses d'un territoire et les dépenses mises à sa charge ou auxquelles il doit faire face. Le paradoxe est que plus nous irons vers une République décentralisée, plus nous devrons mettre en place des dispositifs de péréquation et de dotation d'État antinomiques avec l'autonomie fiscale par ailleurs largement revendiquée ! Ce n'est pas tout à fait anodin si lors de la seconde vague de décentralisation, en 2003, la Constitution a été modifiée par l'ajout de l'article 72-2 qui introduit les notions de péréquation et de transfert de compétences qui doivent être accompagnés de l'attribution de ressources. Pour autant, les dotations liées aux transferts de compétences ne tiennent pas, ou insuffisamment, compte des évolutions dans le temps des populations et des charges. Les dotations aux collectivités locales doivent être revisitées pour être établies à partir de critères objectifs ayant un lien avec les compétences et missions exercées : nombre de personnes âgées dépendantes, nombre de lycéens, etc. Ce qui suppose qu'elles ne soient pas acquises de façon définitive, mais qu'elles soient évolutives, à la baisse comme à la hausse, en fonction des charges réelles. Tout le débat actuel sur la péréquation, qu'elle soit horizontale ou verticale, est l'illustration que le volet financier des lois de décentralisation n'a pas été traité au fond.

3. *Si nos concitoyens connaissent leur maire, leur député et, souvent, en zone rurale, leur conseiller général, les autres élus sont pour eux, dans la plupart des cas, de parfaits inconnus.* En zone urbaine, les conseillers généraux n'existent guère face aux maires ; quant aux conseillers régionaux, de par leur mode d'élection, à la proportionnelle départementale dans le cadre d'un scrutin régional, personne ne les identifie. De même, si les Français savent généralement que leur commune fait partie d'une intercommunalité, ils ne savent pas qui les y représentent et encore moins quelles compétences elle assume. La seule chose que nos concitoyens voient très clairement, depuis déjà de nombreuses années, c'est la hausse constante, pour ne pas dire la flambée, des impôts locaux. Pour autant, ils ont parfois du mal à associer celle-ci à une amélioration sensible du nombre et de la qualité des services publics. Pas plus que, globalement, ils ne l'associent à une plus grande efficacité de

l'action publique sur les sujets qui les concernent le plus directement au quotidien : transport, logement, emploi, sécurité. Conséquence directe de cet état de fait et signe inquiétant pour notre démocratie : alors que les élus locaux étaient jusqu'à présent relativement épargnés par les critiques de plus en plus dures de nos concitoyens à l'égard du personnel politique, voilà que les maires, pourtant symboles de proximité, se retrouvent, dans les dernières enquêtes d'opinion, jugés bien plus sévèrement qu'avant.

Telles sont ces trois raisons qui nous conduisent à vouloir refonder notre pacte territorial. Celui-ci devra :

– Opter soit pour une décentralisation au sens où on l'entend d'habitude, à savoir un transfert de gestion du national vers le local, mais qui demeure encadré par des règles nationales, ce qui signifie que, peu ou prou, le gestionnaire opère pour le compte de l'État, soit pour une déconcentration des pouvoirs qui autorise une marge de manœuvre de la part des gestionnaires locaux en nous acheminant vers une logique plus fédérale.

– Répondre à la question des financements en trouvant le juste équilibre entre la fiscalité locale et la solidarité nationale.

– Enfin, apporter des réponses précises s'agissant des compétences transférées. À qui les conseillers généraux et régionaux doivent rendre des comptes ? À leurs électeurs, sachant qu'ils ne disposent pas aujourd'hui de pouvoirs d'infléchir la loi et les règlements ou à l'État qui a transféré la compétence et donc, *a priori*, n'est plus compétent, mais qui a gardé le pouvoir de réglementer ? Quand ils votent aux élections cantonales ou aux régionales, les électeurs sanctionnent-ils en fait une gestion nationale ou locale ?

L'EUROPE PLUS TECHNOCRATIQUE QUE POLITIQUE

Dans le même moment où se distendent les liens de proximité, beaucoup de nos compatriotes ne comprennent pas, ou mal, les ressorts de l'économie mondiale. Ils comprennent encore moins les règles, si l'on ose encore les appeler ainsi, qui régissent la finance mondiale. Or, il y a vingt ans, la classe politique assez unanime, sauf quelques gaullistes, leur a présenté le traité de Maastricht et l'euro comme la garantie de la future prospérité de l'Europe.

Pour les tenants du « non » au référendum de 1992, les problèmes de souveraineté posés par le traité étaient primordiaux, mais il y avait aussi ce sentiment que l'on nous proposait uniquement de construire une Europe de la finance, une Europe ultralibérale à la sauce anglo-saxonne où le libre-échange tiendrait lieu d'alpha et d'oméga, alors que nous rêvions d'une Europe porteuse d'un projet politique. À l'aube de 2012, comment ne pas comprendre la désillusion des Français ? Désormais, ils ne voient plus l'Europe que comme une passoire laissant, dans un sens, partir son industrie et ses emplois vers les pays à faible niveau de vie et, dans l'autre sens, entrer les produits importés à bas prix, mais aussi tous ceux qui fuient la misère et viennent chercher chez nous un avenir meilleur. Quant à la libre circulation des personnes et des biens, au sein de l'Union, présentée comme une avancée formidable, elle est également devenue facteur d'inquiétude. Les images des autorités italiennes laissant entrer dans l'espace Schengen les clandestins venus d'Afrique du Nord ou celles des autorités roumaines préférant se « débarrasser » de certaines populations ont fait un mal terrible à l'idée même d'Europe.

L'incapacité de la classe politique à expliquer les mécanismes de cette mondialisation, contre laquelle nous ne pouvons pas aller, mais à laquelle il faut nous adapter, notre incapacité à tracer une route, à expliquer les efforts nécessaires, à proposer des solutions innovantes et à convaincre de notre capacité à réussir, c'est-à-dire à redonner de l'espoir, ont causé un tort considérable au lien de confiance qui devrait toujours exister entre les élus et ceux qu'ils représentent.

Cette crise, dans laquelle nous sommes entrés il y a plus de trente ans et qui n'en finit pas de s'aggraver, s'accompagne désormais d'une montée de l'antiparlementarisme comme on n'en avait pas connu depuis les années 1930. Un climat délétère s'est installé, habilement alimenté, notamment par le canal des nouveaux médias électroniques, par ceux qui jetteraient bien la République à la rivière. En cela, le parallèle avec le climat qui régnait à la fin de la IVe République n'est pas absurde.

Cela signifie-t-il, comme certains le proclament, qu'une partie de la solution à nos problèmes se trouve dans un changement de Constitution, renvoyant la Ve République aux oubliettes de l'histoire ? Bien évidemment, non. La Constitution de la Ve République, encore récemment adaptée pour rééquilibrer les pouvoirs du Parlement et du gouvernement, est un excellent outil de gouvernance qui a, d'ailleurs, survécu à son pire détracteur, François Mitterrand, ainsi qu'à deux alternances et trois cohabitations en 1986, 1993 et 1997. Après une IIIe République, au cours de laquelle la durée de vie des gouvernements n'excédait pas dix-huit mois, et une IVe, où elle atteignait rarement six mois, nous serions « fous » de vouloir revenir sur les grands principes de la Ve République.

Il y a vingt-deux siècles, à Athènes, le sage Solon, interrogé sur ce qu'est une bonne Constitution, répondait : « Dites-moi d'abord en quel temps et pour quel peuple. » On ne saurait mieux dire. Il s'agit aujourd'hui d'adapter la Constitution de la Ve République pour prendre en compte la décentralisation, mais en se souvenant toujours que c'est du peuple français qu'il s'agit. Ce que le général de Gaulle a fait en 1958 pour rationaliser le parlementarisme, en dotant la France d'institutions solides et efficaces, il va maintenant nous falloir le faire pour le monde des collectivités locales. Voilà pourquoi il est urgent de passer à l'acte III de la décentralisation, celui qui doit enfin définir clairement le rôle de l'État et celui des collectivités locales, celui qui doit nous permettre de rationaliser notre organisation territoriale afin de la rendre plus efficace et plus économe de l'argent des Français.

Indivisibilité de la République et uniformité du territoire

La question de l'organisation territoriale a été au cœur des débats sur la réforme des collectivités territoriales. Y a-t-il un empilement excessif des structures entre commune, intercommunalité, département, région, État et Europe ? Oui, si toutes font la même chose ; non, sans doute, si chacune a des missions clairement identifiées. Se trouve ainsi posée la question de l'exercice de la compétence générale que la réforme n'a pas vraiment tranchée.

Par ailleurs, les débats ont démontré que, si la suppression d'un département est envisageable ici au profit d'une communauté urbaine, là au profit de la région, ce ne sera ni souhaitable ni possible ailleurs. Indivisibilité de la République ne veut pas dire uniformité de son organisation. Les schémas d'organisation des compétences et de mutualisation des services sont, de ce point de vue, une piste intéressante à des adaptations locales ; les projets qui se dessinent en Alsace entre les deux départements et la région méritent d'être cités en exemple.

Autant ce qui a été appelé le couple commune et intercommunalité a un sens et un contenu, en cela que l'intercommunalité est un lieu de mutualisation au profit des communes, autant il est difficile de parler de couple département/région. Le choix d'avoir fait de cette dernière une collectivité de plein exercice mérite sans doute d'être revisité. La région n'est-elle pas, par excellence, un lieu pour mener des projets d'aménagement du territoire qui dépassent l'échelon départemental ? Si le département devait être maintenu comme un échelon pertinent de l'action publique, il conviendrait sans doute de faire de la région un établissement de coopération interdépartemental dans lequel le contrat de plan reprendrait toute sa place, à la rencontre des ambitions nationales et des ambitions locales.

Quelles missions pour le pouvoir central ?

L'ÉTAT GARANT DE LA COHÉSION SOCIALE

Au-delà de l'organisation administrative du territoire, l'État doit s'interroger sur les missions qu'il entend garder, celles qu'il est prêt à déléguer et contractualiser et celles qu'il entend transférer purement et simplement. Les lois de décentralisation ont plus eu pour effet d'affaiblir la présence de l'État en département et région, en transférant la gestion de politiques publiques de l'administration préfectorale aux conseils généraux et régionaux, que d'alléger la tutelle de l'État central, sans que l'on puisse juger de la plus-value de son maintien.

La réforme générale des politiques publiques (RGPP) n'est pas exempte du même défaut. Qu'il faille moderniser l'administration est une évidence, et cette modernisation doit être poursuivie et approfondie, mais, tout comme dans les lois de décentralisation, l'État doit être le garant de la cohésion sociale. Qu'il se désengage de la délivrance de titres administratifs, de l'aide à l'ingénierie publique des collectivités ou encore de la police de l'eau, des routes, des bâtiments de France, des musées ou de la classification des hôtels de tourisme n'est qu'un choix technique et de gestion qui ne met pas en cause l'unité nationale et la cohésion sociale pour autant que la question des moyens soit réglée. En revanche, personne ne songe sérieusement que l'État puisse se départir de missions régaliennes comme l'organisation de la défense intérieure et extérieure, de la police, de la justice. Toute la difficulté réside dans ce que nous pourrions appeler une « zone » d'intérêt national qui gagnerait en efficacité avec une gestion décentralisée. On pense ici aux universités, à l'éducation, à la recherche, aux transports. La piste de contrat d'objectifs et de moyens mériterait d'être explorée pour conjuguer une ambition nationale avec un dynamisme territorial.

Enfin, nous nous interrogeons sur l'action sociale, c'est-à-dire sur tout ce qui a trait à la solidarité, au lien social. C'est l'État qui est le garant de la devise républicaine et singulièrement, dans le cas d'espèce, de la fraternité et de l'égalité. Peut-il continuer à se contenter d'exercer une tutelle sans sanction, tandis que les collectivités doivent appliquer des règles sans visibilité ni moyens ?

Il nous apparaît que nous devons clarifier la situation en levant les ambiguïtés sémantiques qui ne peuvent que conduire à des ambiguïtés politiques et à des incompréhensions. Nous entendons par *décentralisation* tout ce que l'État entend ou doit gérer au nom de l'unité nationale en faisant le choix d'un opérateur local à sa main, responsable devant lui. Nous pensons que, de ce point de vue, l'action sociale est un enjeu national qui conditionne l'unité et la cohésion sociale et qu'en conséquence, il lui appartient d'en garder l'initiative. Nous entendons par *déconcentration* un transfert vers un autre opérateur que l'État, dans un cadre fixé nationalement, de missions qui ne participent pas directement de la cohésion sociale ou de missions régaliennes et pour lesquelles les collectivités gestionnaires disposeraient d'une marge de réglementation – eau, routes, culture, tourisme, etc. Enfin, nous voulons réhabiliter la contractualisation sur des objectifs qui intéressent tant le plan national que régional.

Il s'agit de conjuguer responsabilité et pragmatisme, diversité et unité. Il ne peut y avoir de conflit de légitimité. Pour nous, les élus locaux n'ont ni vocation à être les opposants politiques du gouvernement en place ni les relais de celui-ci. Ils ne sont ni ses collaborateurs ni ses détracteurs légitimés par le suffrage universel. Ils sont des acteurs publics chargés d'assumer une mission de service public que la loi leur a confiée et responsables de celle-ci devant leur corps électoral.

Il ne faudrait pas que nos collectivités territoriales, sous couvert de promouvoir et de défendre leurs intérêts, tout légitimes qu'ils soient, en viennent à oublier la finalité de l'action publique et participent malgré elles d'une forme de corporatisme qui menacerait directement l'unité nationale. Il ne peut pas y avoir deux actions publiques, l'une nationale et l'autre territoriale, qui fonctionneraient de façon parallèle en s'ignorant ou de façon désordonnée en se superposant ou, pis, de façon frontale en s'opposant.

Cette clarification est d'autant plus vitale que, redonnant à l'action publique une unité, une cohérence et une perspective, nous voulons mettre un terme à l'idée selon laquelle citoyenneté et nationalité pourraient être dissociables, la première exprimant le collectif et le local, la seconde l'individuel et le national. L'action publique est là pour servir le collectif, qu'elle se situe à un niveau local ou national, et la nationalité ne peut être relative ou partielle. C'est pour cette raison que nous réaffirmons que le droit de vote est universel et qu'il est lié à l'acquisition de la nationalité, et non fonction de la résidence ou du paiement d'impôts locaux.

L'ÉTAT GARANT DE LA COHÉSION TERRITORIALE

Il en est de l'aménagement du territoire comme de l'organisation territoriale. Parler d'une organisation décentralisée ou déconcentrée du territoires n'a pas de sens si le potentiel de ses territoires et ses besoins ne sont pas appréhendés au regard des populations qui y habitent. Désertification d'un côté, hyperconcentration de l'autre ne sont que les deux facettes d'un même déséquilibre dont les symptômes sont différents, mais les causes identiques : une absence de politique d'aménagement du territoire et une approche administrative des politiques publiques plus soucieuse d'une application uniforme des principes que de la recherche d'une réponse adaptée au contexte local.

Prenons le cas du Grenelle de l'environnement. Si nous adhérons à ses objectifs, l'application doit s'adapter aux réalités du territoire sous peine de devenir un dogme. À la notion de densification des sols qui est inscrite dans la loi, nous aurions préféré celle d'optimisation qui ouvre des perspectives. La rareté des sols n'est pas la même en périphérie urbaine et côtière qu'en secteur souffrant de désertification ; la qualité agronomique de ceux-ci n'est pas identique sur tout le territoire. La norme, qu'elle soit européenne ou française, ne peut continuer à se développer indépendamment de la réalité et de la probabilité que surviennent les risques, ou dysfonctionnements, qu'elle souhaite prévenir, de la capacité de ceux qui ont reçu la prescription à la respecter ou à la financer. Nous appelons en conséquence à une adaptation de celle-ci aux territoires. Voilà un exemple où la décentralisation trouverait sérieusement des justifications à se développer et l'État à se retirer.

Parlant d'aménagement du territoire et de cohésion territoriale, l'État se doit de repenser la question du service public. Pour nous, le service public ne s'identifie pas au statut de son opérateur, mais à la finalité du service et à ses bénéficiaires. L'évolution des modes de vie a considérablement modifié les attentes et la demande. Ainsi, la présence postale n'a plus la même signification à l'heure du téléphone portable et d'Internet ; de même, la perception n'a plus la même exigence de proximité à l'heure des paiements sécurisés. Les réformes conduites dans le cadre de la RGPP ont bien intégré ces évolutions. Dans le même temps, l'État ne peut ignorer la disparition ou l'affaiblissement de services traditionnellement gérés par des opérateurs privés qui, pour diverses raisons, ont disparu ou sont en passe de disparaître et dont l'activité n'en constituait pas moins un service essentiel rendu au public. Certes l'électricité et les réseaux d'adduction d'eau sont présents sur tout le territoire, mais l'accès aux soins ou au numérique n'est pas toujours assuré avec équité. En milieu rural, on pense au dernier commerce, mais, de ce point de vue, les habitants des grands ensembles de logements sont logés à la même enseigne que ceux des petites communes rurales :

on y observe une semblable absence d'activité économique ou sociale de proximité. L'émergence de zones de non-droit, où toute présence institutionnelle est contestée, et celle de zones de moindre droit, où sa présence, bien que sollicitée, n'est plus concrètement assurée, nourrissent une même aspiration à une plus grande cohésion sociale dans le cadre d'une approche revisitée de ce qu'est le service public au XXIe siècle.

Les enseignements du gaullisme en matière d'aménagement du territoire

Alors qu'il eût été évidemment plus facile de mener à bien une réforme aussi importante en période de croissance, nous allons devoir le faire en période de crise aiguë des finances publiques. Finalement, c'est peut-être un mal pour un bien. En effet, toute l'histoire de notre pays, et celle du gaullisme en particulier, nous montre que la France ne se réforme vraiment qu'en période de crise, au pied du mur, pour ne pas dire au bord du gouffre. Pour mener à bien cette réforme, les enseignements du gaullisme sont précieux.

– *Premier enseignement : il n'y a pas de bonne politique possible sans un outil de gouvernance efficace.* À tous ceux qui, aujourd'hui encore, surtout à gauche, affirment qu'il faut construire ou adapter l'outil de gouvernance en fonction du projet politique, il est bon de rappeler cette formidable leçon de notre histoire. Le général de Gaulle a pu sortir la France de la crise algérienne et restaurer la confiance en la monnaie et en l'économie, certes parce que c'était lui, mais aussi et surtout parce qu'il avait fait adopter, dès la fin 1958, une nouvelle Constitution adaptée à la France et aux Français. De Gaulle, resté simple président du Conseil de la IVe, n'y serait certainement pas parvenu. En matière d'institutions et d'organisation des pouvoirs publics, la définition d'un bon outil de gouvernance est un préalable et doit se faire sans référence à un projet politique particulier.

– *Deuxième enseignement : réformer demande du courage et de la prise de risque.* Il n'est pas concevable de proposer enfin une vraie réforme de l'organisation administrative et politique de nos collectivités locales en espérant ne faire de peine à personne. La principale caractéristique de toutes les réformes précédentes, sans exception, est de ne jamais avoir osé prendre le risque de supprimer quoi que ce soit. On a, par le passé, vu parfois la création d'Établissements publics de coopération intercommunale (EPCI) de pure opportunité. Les regroupements par couleur politique ont souvent été la règle, on a même parlé d'intercommunalité « défensive » simplement créée pour éviter qu'une ou plusieurs communes, plutôt riches en général, ne se trouvent un jour intégrées « de force » dans un EPCI voisin. Alors que la définition de l'intercommunalité, communément admise, était « faire ensemble ce que l'on ne peut faire seul et à moindre coût, ce que l'on faisait chacun de son côté », on voit bien que l'on est aujourd'hui loin du compte.

C'est bien par manque de courage politique que nous avons laissé se constituer un véritable mille-feuille institutionnel qui ne peut que contribuer, par sa nature même, à l'augmentation de la dépense. Si l'instauration du conseiller territorial peut être analysée comme le souci de rapprocher département et région, elle peut aussi être interprétée comme le refus ou l'incapacité d'opter pour une réforme plus en profondeur s'agissant du prétendu couple département-région.

Notons au passage, paradoxe absolu, alors que le Grand Paris est l'un des projets phares du président de la République Nicolas Sarkozy et de son quinquennat, que la région Île-de-

France est laissée pour partie, une fois encore, hors du champ de la réforme puisque, dans l'attente d'un texte spécifique que l'on ne voit toujours pas venir, aucune disposition particulière ne vise à la création d'un véritable outil de gouvernance du Grand Paris. Cet exemple est emblématique de notre incapacité à bousculer le conservatisme ambiant dès qu'il s'agit d'inventer des solutions nouvelles, adaptées à notre temps, mais qui, nécessairement, vont remettre en cause des situations acquises. Comment pouvons-nous expliquer, alors que la dernière réforme des collectivités locales prévoit la possibilité de créer des métropoles et même des réseaux métropolitains, que seule la province soit concernée, alors que Paris, notre « ville-monde », est exclue de ce dispositif ?

La « métropolisation » est un phénomène mondial qui touche toutes les parties du monde. Ces métropoles ont besoin d'un système de gouvernance adapté pour leur permettre de faire face aux défis majeurs d'une urbanisation et d'une densification rendues nécessaires autant par le changement de mode de vie, qui concentre la majeure partie des habitants de notre planète dans les villes, que par la nécessité de préserver les ressources de la planète et, donc, de limiter l'étalement urbain. Comment ne pas voir ce qui saute aux yeux, c'est-à-dire que dans notre système, la métropole du Grand Paris n'est pas gouvernée ? Comment ne pas voir que dans cette métropole, certes la plus riche de France et l'une des plus riches d'Europe, la fracture territoriale entre territoires riches et pauvres est plus marquée que partout ailleurs ? L'État y a, bien évidemment, sa part de responsabilités, car, si l'organisation territoriale mise en place dans les années 1960 était tout à fait pertinente pour répondre aux problèmes de l'époque, elle est depuis bien longtemps obsolète et incapable de répondre aux défis de la métropolisation.

Après avoir longtemps hésité à redonner un maire à la capitale, l'État hésite probablement aujourd'hui à ériger le Grand Paris à tout le moins en EPCI ou alors, ce qui serait la meilleure solution, en collectivité locale de plein exercice. Voilà la France ! Ce que nous avons fait il y a quarante ans pour faire émerger le Grand Lyon, le Grand Lille et toutes nos communautés urbaines en province, nous ne le faisons pas pour le Grand Paris ! Et pourtant, qui peut croire qu'en matière d'urbanisme, de logement ou de politique de la ville, la commune soit la bonne échelle de réflexion dans cette métropole de 7 à 8 millions d'habitants ? Qui peut sérieusement croire qu'un syndicat mixte, d'études et de projets, comme Paris Métropole, pourrait devenir un outil de gouvernance ? Qui peut croire, comme le laisse entendre le maire de Paris, que la bonne solution consisterait en la création d'une confédération, couche de plus dans le mille-feuille, regroupant la région, les huit départements et les intercommunalités ? Où serait donc la légitimité démocratique d'une telle structure ? Comment constituer en son sein une majorité légitime, porteuse d'un projet politique clair, alors qu'un citoyen y serait représenté au moins trois fois – par les niveaux intercommunal, départemental et régional ?

Au-delà du débat, certes important, sur les limites géographiques du Grand Paris dans une région qui a toute sa place dans le paysage, le principal obstacle réside bien dans le conservatisme des élus. Selon le vieil adage « un petit chez-soi vaut mieux qu'un grand chez les autres », pour beaucoup d'entre eux, il est urgent de ne rien faire. Cet exemple, sur un sujet si important pour la compétitivité de notre « ville-monde » et, donc, de la France tout entière, montre combien il va falloir oser et prendre des risques pour imposer une réforme à la hauteur des enjeux.

– Troisième enseignement du gaullisme à prendre en compte, et qui découle du constat précédent : si le passage par la voie parlementaire n'est pas possible, il faudra avoir recours au référendum. En effet, les débats au Sénat sur la réforme des collectivités locales, voulue par Nicolas Sarkozy et proposée par le gouvernement de François Fillon, ont montré combien il sera difficile d'obtenir une majorité sur un texte qui changera profondément la donne. Même la voie médiane retenue de constitution de deux blocs, par rapprochement des régions et des départements, d'une part, et des communes et des intercommunalités, d'autre part, sans rien supprimer ni quasiment rien interdire en matière de compétences, a déchaîné les passions au sein même de la majorité et a naturellement rencontré l'opposition absolue de la gauche. Tout cela démontre, s'il en était besoin, que le recours au peuple sera sans doute une nécessité devant les levées de boucliers et souvent catégorielles que soulève tout projet de réforme des collectivités locales.

Pour un nouveau modèle d'organisation territoriale

Ces grands enseignements du gaullisme ayant été rappelés comme support à la méthode, sur quels principes s'appuyer pour construire et proposer aux Français un nouveau modèle d'organisation territoriale ? Cinq nous semblent prioritaires.

– Premier principe : la République doit bien évidemment rester une et indivisible. Qu'est-ce que cela signifie aujourd'hui, alors qu'elle doit véritablement devenir décentralisée ? Tout d'abord, que seul l'État peut être le garant de l'unité nationale et de son corollaire, l'égalité républicaine. Premier ciment de l'unité nationale, la langue française doit rester la langue uni-

verselle de la République. Si la pratique des langues régionales, comme celle des langues étrangères, doit bien évidemment être encouragée, en aucun cas les collectivités locales ne doivent pouvoir décider en la matière. Lors de l'examen de chaque nouveau texte touchant à la Constitution, certains parlementaires tentent de faire accepter l'idée que les langues régionales pourraient être utilisées, en parallèle du français, dans certains actes administratifs. Pour nous, il ne peut en être question. Les images du président de la communauté de Catalogne refusant de s'exprimer en espagnol dans l'enceinte même des Cortès à Madrid suffisent à démontrer jusqu'où pourrait nous entraîner une quelconque faiblesse en la matière.

La France n'a jamais été et n'a pas vocation à devenir un État fédéral. Il s'agit bien de redéfinir les rôles respectifs de l'État et des collectivités locales, dans la recherche d'une plus grande efficacité de chacun, en aucun cas de s'engager dans une voie qui pourrait nous conduire à une quelconque autonomie des collectivités locales. L'Europe des régions, rêvée par certains, rayant d'un trait de plume les États-nations, n'est pas pour nous une option.

Un État garant de l'unité nationale exclut donc toute idée de confier un jour un quelconque pouvoir législatif aux collectivités locales, à l'exception des territoires ultra-marins qui, en raison de leur spécificité, en auront fait le choix d'un commun accord avec l'État, en passant par la loi. Pour ce qui est du pouvoir réglementaire, une position plus souple serait envisageable, mais elle n'est pas sans risque. Le bon compromis consisterait sans doute à obliger l'État à ne plus décider seul et à négocier préalablement avec les collectivités locales toute modification réglementaire ayant un impact budgétaire significatif.

– *Deuxième principe : au-delà de la notion d'unité nationale, l'État doit rester le garant de l'égalité républicaine.* En effet, en un temps où l'ascenseur social n'est plus aussi efficace que par le passé, en un temps où l'intégration de ceux de ses enfants qui ne sont pas nés en France ou qui y sont nés mais qui se cherchent une identité, la République doit absolument veiller à garantir à chacun, le mieux possible, les mêmes chances de réussites, quels que soient ses origines, son milieu social ou le lieu où il réside. La ligne de partage des compétences entre l'État et les collectivités locales ne peut se résumer à un simple partage entre d'un côté les missions régaliennes et de l'autre tout le reste. Nous réaffirmons notre attachement à la contractualisation et à un réexamen de la clause de compétence générale. Nous nous refusons à opposer l'action publique locale à l'action publique d'État. Toutes deux procèdent de l'intérêt national.

– *Troisième principe : il faut aller au bout de la logique retenue et ne pas s'en tenir, comme trop souvent par le passé, à des demi-mesures qui ne permettent jamais de tirer le plein bénéfice des décisions prises.* Transfert ou pas, simple délégation de compétence ou pas, il faut, en fonction des sujets, trancher en ayant pour objectifs premiers l'efficacité et la clarification des rôles. À partir de là, pour chacune des compétences transférées ou déléguées, il faut rechercher le bon niveau de subsidiarité. La règle d'or pour parvenir au résultat optimum consiste en la recherche systématique du meilleur trinôme : compétence – périmètre – moyens financiers nécessaires.

– *Quatrième principe : il faut prendre acte de la diversité de nos territoires et du non-sens que représenterait aujourd'hui un modèle uniforme décliné de la même manière dans toutes nos régions, nos départements et nos communes.* Ce principe doit nous permettre de sortir du débat sans fin sur le nombre idéal de « couches » à retenir dans la définition de notre nouveau modèle d'organisation territoriale.

Le gaullisme est d'abord un pragmatisme. Repenser notre modèle territorial comme on a créé les départements en 1789 en plaçant leur préfecture en leur centre, en tenant compte de la journée de trajet à cheval, n'aurait aujourd'hui aucun sens. En fonction de la nature du territoire, les réponses ne peuvent plus être les mêmes. La région Limousin a ses propres caractéristiques qui n'ont strictement rien à voir avec celles de la région Île-de-France. Il faut pour chacune un modèle adapté. C'est ce que le président de la République avait dit dans son discours de Roissy en 2007. Le nombre idoine de niveaux d'administration peut donc parfaitement varier en fonction de la taille et de la nature du territoire. Les élus alsaciens viennent de décider de ne plus constituer qu'une collectivité locale nouvelle en lieu et place des deux départements et de la région. Voilà un formidable exemple. On n'imagine pas cela en région Île-de-France ? Qu'à cela ne tienne, faisons le même travail et définissons le bon modèle. En tout état de cause, il semble qu'au-delà d'un modèle à trois couches, la simplification et l'efficacité recherchées n'aient guère de chances d'être au rendez-vous.

– *Cinquième principe : il faut que le lien entre les élus et ceux qu'ils représentent soit le plus direct possible.* C'est ce que le général de Gaulle avait voulu pour le président de la République, en proposant, en 1962, son élection au suffrage universel direct et, pour les députés, en choisissant le scrutin uninominal. Mais ce n'est pas seulement une question de mode de scrutin. Il faut également que les responsabilités assumées par chacun soient lisibles. Le chef de l'État et le chef du gouvernement ont un rôle précis, les parlementaires également. C'est la logique qu'il faut s'efforcer de suivre pour l'ensemble des élus locaux. À l'heure où l'information circule de plus en plus vite et où nos concitoyens affichent résolument leur souhait d'être à tout le moins consultés, si ce n'est pas de participer directement aux prises de décision importantes, la démocratie représentative, au niveau local, ne peut pas s'abstraire de cette réalité et confier des compétences et des budgets de plus en plus importants à des entités dont les Français ne comprennent pas le fonctionnement ni parfois même le mode de désignation des élus qui les gèrent.

L'organisation territoriale n'est pas une question administrative ou un choix technique ou de circonstances. C'est un choix politique au service de la cohésion sociale et territoriale. La diversité historique, géographique, culturelle de nos territoires est une richesse à valoriser. L'unité de la nation qui s'est construite sur une histoire et des valeurs partagées est sa force. La recherche du point d'équilibre entre unité et diversité doit être le fil conducteur de notre organisation territoriale et de ses évolutions. Nous privilégierons toujours la réaffirmation du rôle de l'État quand le lien social et territorial est en cause, car il y va de notre vivre-ensemble et, donc, de notre unité ; nous en appelons à la mobilisation des acteurs locaux dès que l'expression de la diversité du territoire devient gage d'efficacité et de responsabilité.

Sixième partie

REGARDS OUTRE-MER

L'outre-mer ou la France du lointain

par Pierre Frogier

Chacun convient aujourd'hui que l'outre-mer est un atout formidable pour le rayonnement international de la France et pour la richesse de sa diversité culturelle. Si la France est la deuxième puissance maritime du monde, par l'étendue de sa zone économique exclusive, c'est grâce à ses collectivités d'outre-mer et à la présence de la France dans les trois océans. Cette réalité contribue à légitimer le discours universaliste de la France et à conforter sa place de grande puissance. « L'outre-mer, a déclaré Nicolas Sarkozy lors de son discours face à la convention de l'outre-mer, en juillet 2006, c'est la France de plain-pied dans la mondialisation. » Toutefois, malgré cet apport inestimable et incontesté, les rapports entre la métropole et l'outre-mer constituent, depuis des décennies, un problème difficile à résoudre et occupent une place particulière dans le champ constitutionnel, sans qu'une véritable réponse y soit apportée.

Cela tient, d'une part, à l'héritage d'une décolonisation qui fut le plus souvent contrainte, parfois conflictuelle, voire violente et toujours improvisée et, d'autre part, à une méconnaissance de l'outre-mer qui a, fréquemment, été envisagé dans sa globalité, sans tenir compte des spécificités propres à chacune des collectivités. Le climat de repentance, propre à notre époque, a en outre créé une sorte de « complexe postcolonial » qui trouble l'appréhension de nos territoires lointains. Il est temps, en la matière, de rompre avec les schémas de pensée de la fin du siècle dernier et d'abandonner les attitudes qui oscillent entre paternalisme, crainte et commisération, pour considérer, enfin, l'outre-mer et ses habitants comme composantes à part entière de l'ensemble français.

Les outre-mer : si semblables et si différents

L'une des évolutions sémantiques des dernières années consiste à parler « des » outre-mer. Cet usage a été adopté parce que, à l'évidence, chacune de nos collectivités a ses particularités propres, ses spécificités et ses originalités. Néanmoins, une fois posé, ce pluriel ne favorise pas réellement une meilleure appréhension de nos différentes collectivités. Il est pourtant essentiel d'avoir conscience qu'en matière d'identité française, l'histoire, le peuplement, l'origine des populations créent naturellement des contextes extrêmement différents, selon le département, la collectivité, la région d'outre-mer à laquelle nous nous référons.

Mais les collectivités d'outre-mer ont tout de même entre elles de nombreux points communs. Et d'abord la France ! Les outre-mer français partagent en effet l'histoire, les valeurs et la grandeur de notre nation. Nos destins sont liés et la participation des soldats ultra-marins aux grands conflits mondiaux est là pour le prouver, tout comme leur présence, aujourd'hui encore, dans les combats que mène notre pays sur les théâtres extérieurs. Les outre-mer ont également, au moins, un autre point commun : c'est la manière dont la métropole les appréhende, c'est ce qu'ils représentent au-delà de l'Hexagone. Les ultra-marins, ce sont des gens de l'au-delà des mers ; ils incarnent la figure de l'Autre, à la fois si lointain et si proche, si semblable et si différent.

La reconnaissance des identités particulières

Dans le même temps, les populations d'outre-mer se sentiront d'autant plus françaises que leurs identités seront pleinement reconnues et respectées. Les ultra-marins sont pleinement français, mais l'on n'est pas exactement français à Nouméa, à Fort-de-France ou à Saint-Pierre, comme on l'est à Paris, à Marseille ou à Strasbourg. Et ce n'est pas une affaire de géographie ! On a parfois le sentiment que l'attachement à la France est inversement proportionnel à la distance !

Les coutumes, les traditions, les modes de vie, voire les croyances, sont des éléments importants, voire essentiels, de l'identité et de la personnalité des populations ultra-marines. Ces éléments doivent être reconnus comme tels et pouvoir s'exprimer pleinement. Ils doivent être respectés comme l'expression d'une culture, et non ravalés au rang de folklore ou d'objets d'étude pour ethnologues. Et si les revendications indépendantistes, qui s'expriment outre-mer, traduisaient davantage un besoin d'être reconnu, respecté dans sa dignité, son histoire et ses particularismes qu'une volonté de sécession ou de rupture avec la France ?

Cette aspiration identitaire est aujourd'hui très forte, même si elle peut prendre des formes et des expressions différentes. La France doit faire l'effort de reconnaître l'identité particulière de chacune de ses collectivités d'outre-mer et s'enrichir de leurs diversités.

La grandeur de la France au travers des océans

Reconnus dans leurs personnalités propres, nos territoires doivent aussi bénéficier, dans leur environnement régional, d'une meilleure valorisation de leur identité française. Ils sont la France, même à l'autre bout du monde. Ils la représentent et ils y portent ses valeurs. C'est aux collectivités d'outre-mer que devrait revenir, de plus en plus, la mission de proposer et de mettre en œuvre la politique étrangère de la France dans leurs régions respectives. Elles devraient également être, dans leurs zones, les vitrines et les relais de l'Union européenne. Enfin, la présence de la France, au travers de ses outre-mer, serait à la fois plus réelle, plus affirmée et plus assumée si, dans chacun des océans, nos collectivités renforçaient leur proximité et se rapprochaient les unes des autres pour constituer des « communautés françaises » du Pacifique, de l'océan Indien ou des Amériques.

L'exemple calédonien

La Nouvelle-Calédonie est, sans doute, à ce titre, un cas d'école. À l'initiative des signataires des accords de Matignon et de Nouméa, elle est engagée dans une voie originale avec l'ambition d'une décolonisation réussie, au sein de la République. Pour cela, ses responsables ont la volonté d'imaginer, avec l'État, une solution institutionnelle novatrice, qui puisse être acceptée par le plus grand nombre et qui sera soumise à la consultation des populations. Après 2014, il appartiendra aux Calédoniens, d'écrire un nouvel accord, une nouvelle solution qui exprime durablement leur destin commun et leur volonté de vivre ensemble. Dans cet esprit, la reconnaissance du drapeau identitaire kanak, qui flotte désormais aux côtés du drapeau tricolore, symbolise ce rapprochement des communautés et cette volonté d'un destin commun. Un tel geste ne peut être envisagé dans la plupart des autres collectivités d'outre-mer mais on peut, ailleurs, en comprendre le sens profond et, peut-être, s'en inspirer.

C'est désormais aux Calédoniens de rechercher comment rester eux-mêmes tout en étant français, s'ils le souhaitent et tant qu'ils le souhaiteront. C'est à eux de trouver la façon de concilier les grands principes républicains avec le respect de la dignité et de l'identité de peuple premier. La décolonisation et l'émancipation de la Nouvelle-Calédonie pourront alors se poursuivre, dans l'ensemble français. Dans un cadre fixé par la Constitution de la République – qui fonderait une relation renouvelée et refondée avec la France –, la Nouvelle-Calédonie pourrait définir, elle-même, l'organisation et le fonctionnement de ses institutions ainsi que les conditions d'obtention et d'exercice de sa citoyenneté propre, aux côtés de la citoyenneté française et européenne.

Affirmer une identité propre et réaffirmer la volonté d'être français

La démarche, engagée en 1988 en Nouvelle-Calédonie, est exemplaire, et l'État pourrait s'en inspirer pour redéfinir ses liens constitutionnels et institutionnels avec l'outre-mer considéré de manière globale. Chaque collectivité d'outre-mer devrait pouvoir définir, avec l'État, la nature et les modalités des liens qu'elle souhaite conserver avec la métropole au sein de l'ensemble français. Les citoyens ultra-marins pourraient, ainsi, à la fois exprimer leur identité propre et réaffirmer leur volonté de rester français. Toutefois, l'évolution institutionnelle n'est pas, non plus, une fin en soi. Les ressortissants de l'outre-mer, dans leur immense majorité, veulent rester dans la France parce qu'ils l'aiment et qu'ils y sont bien ! Ils veulent rester dans la France parce que c'est, pour eux, une fierté d'être français et la garantie du maintien des valeurs de la République que sont la démocratie, la liberté, l'égalité et la fraternité. Ce sont bien ces valeurs communes qui les réunissent, qui fondent leur attachement à la France et leur volonté de rester français, dans le respect de leurs particularités et de leur identité propre.

Côte Atlantique

Des territoires ancrés dans la République et épanouis dans leur espace régional

par Michel Magras

S'il est un principe fondateur de la pensée gaulliste qui nous semble devoir présider à toute réflexion sur l'outre-mer, c'est celui de l'unité nationale. Notre République a en effet la particularité d'avoir à gérer son unité institutionnelle, alors qu'elle est géographiquement, économiquement, historiquement et culturellement très diverse, de par la France d'outre-mer notamment. Cette diversité n'a cessé d'être prise en compte tant par le droit national que par le droit communautaire. À cet égard, la révision constitutionnelle de 2003 et le traité de Lisbonne constituent des avancées majeures. Le principe du statut « à la carte » et l'inscription nominative des collectivités d'outre-mer dans la Constitution sont une reconnaissance de leur existence en tant qu'entités géographiques et plus seulement administratives. Chaque collectivité peut désormais choisir les domaines de compétences dans lesquels elle souhaite fixer les règles applicables localement et peut proposer des adaptations de la loi aux spécificités locales, l'État gardant la compétence dans les domaines régaliens, ce qui fait du « statut » un moyen de développement et d'épanouissement local.

L'outre-mer ancré dans la République

Vu de l'outre-mer, l'attachement à la République est bien réel. En témoignent, s'il en était besoin, les résultats des « consultations statutaires » depuis 2003. À l'exception de Saint-Barthélemy et de Saint-Martin, dans les départements d'outre-mer (DOM) de l'Atlantique, les électeurs ont rejeté toute adaptation institutionnelle qui risquait d'être perçue comme un éloignement de la République. Dans le même temps, force est de constater que si le lien n'est pas remis en cause, les rapports restent encore insatisfaisants.

Qu'en est-il du point de vue de la métropole ? Indiscutablement, la France reconnaît que ses terres d'outre-mer contribuent à son rayonnement et à son indépendance internationale, élément fondateur, là encore, de la pensée gaulliste. À chaque occasion, il est rappelé, et ceci de plus en plus fréquemment, que c'est à l'outre-mer que la France doit son rang de puissance maritime ou encore la diversité de son patrimoine écologique. L'outre-mer a ainsi trouvé sa place, au moins dans le discours républicain. Toutefois, à bien y regarder, notre République voit dans ses départements d'outre-mer d'abord des départements. Or sans doute est-il temps de les voir d'abord dans leur composante « outre-mer ».

La relation centralisée, « franco-française », explique certainement pourquoi la République ne conçoit pas ses terres d'outre-mer comme des relais dans leur zone géographique respective. Pourtant, et aussi paradoxal que cela puisse paraître, une meilleure intégration des terres d'outre-mer dans leurs zones régionales respectives ne serait-elle pas le moyen de renouveler leur relation avec la République ? Il nous semble nécessaire de repenser les rapports métropole/outre-mer pour espérer sortir de l'impasse relationnelle et, surtout, envisager l'épanouissement de l'outre-mer.

Des relations avec la métropole à redéfinir

Administrativement et politiquement, la République a toujours pratiqué une politique d'assimilation à l'égard de l'outre-mer. Avec l'avènement de nouvelles lois sociales, cette assimilation « par la citoyenneté » s'est complétée d'une assimilation sociale progressive. Elle est, nous le pensons, devenue l'un des ciments du lien avec la métropole. Cette exigence d'égalité sociale, la République ne peut y déroger. Pour autant, cela ne dispense pas d'un certain pragmatisme ; en effet, il est urgent de sortir l'outre-mer de l'impasse économique et sociale dans laquelle il est enlisé. À cet égard, si la revendication sociale y est si présente, c'est certainement en raison du contexte économique plus difficile que celui du territoire métropolitain. Les contraintes structurelles de ces économies engendrent et expliquent un taux de chômage plus élevé, une balance extérieure largement déficitaire, un revenu nettement inférieur à la moyenne nationale : vues de l'outre-mer, ces difficultés doivent être compensées par l'intervention financière de l'État. Cette traduction du lien républicain nous paraît normale et légitime.

Néanmoins, la récurrence des débats institutionnels et identitaires pousse à s'interroger sur la qualité des rapports des départements et collectivités ultra-marins avec la République. Culturellement, l'outre-mer a encore le sentiment de ne pas être reconnu et valorisé à sa juste place. Comment se concevoir comme appartenant entièrement à un ensemble, tout en admettant qu'on y occupe « mathématiquement » une place marginale ? Institutionnellement et économiquement, l'insatisfaction demeure importante. D'abord, à bien des égards, les institutions des départements d'outre-mer ont été longtemps surdimensionnées du fait de leur analogie avec celle de la métropole. En 2010, la Guyane et la Martinique ont fait le choix d'une réorganisation de leurs institutions locales – la Guadeloupe a, quant à elle, ajourné son projet. Pour autant, cette réorganisation institutionnelle, si elle constitue une avancée considérable, nous semble n'être qu'une étape dans l'évolution des rapports avec la métropole. Sans qu'il ne soit jamais question d'envisager l'indépendance de ses territoires, il est temps pour la République de repenser ses relations avec l'outre-mer en tirant les conséquences des trop nombreuses frustrations.

L'exemple législatif est à cet égard éloquent. Sauf lorsqu'il s'agit d'un texte spécifique à l'outre-mer, dans presque tous les domaines, il est procédé à l'adaptation par voie d'ordonnance, là où les autres départements de la République auront bénéficié d'une discussion parlementaire. Et, lorsque le Parlement traite de l'outre-mer, il doit se pencher sur un texte global qui traite uniformément des territoires aussi hétérogènes que peuvent être la Guyane, la Martinique, la Guadeloupe, la Réunion, auxquelles peuvent s'ajouter les collectivités d'outre-mer (COM) dont les statuts sont encore différents. En réalité, chaque territoire, bien qu'ayant de nombreux points communs avec les autres, possède des particularités, ne seraitce qu'en raison de son environnement régional, qu'il convient de traiter de manière circonstancielle.

Dès lors, c'est dans la relation de l'outre-mer avec son environnement que nous semble se situer le point nodal des rapports avec la métropole. En effet, parce que les DOM sont français, ils ont été enfermés dans une relation franco-française sur le plan institutionnel et dans une relation franco-européenne sur le plan économique qui les a coupés de leur ancrage régional pour les rattacher artificiellement à l'ensemble européen. Certes, la cohésion nationale a été garantie par l'uniformité institutionnelle, mais, aujourd'hui, nous pouvons affirmer que le risque encouru pour notre cohésion, du fait d'une organisation institutionnelle qui, en outre-mer, décentraliserait davantage la décision, est inexistant.

Pour des raisons d'efficacité, dans certains domaines, comme l'environnement, l'urbanisme, la culture, il y a lieu de décider localement en encourageant de surcroît la mutualisation à l'échelon régional. Dans un monde désormais ouvert et une économie mondialisée, ces matières ne peuvent plus se concevoir, dans un cadre qui s'arrête aux frontières nationales ou locales. Cela est encore plus vrai en outre-mer où, indiscutablement, les départements français d'Amérique (DFA) gagneraient à s'ouvrir et se tourner vers leurs voisins. Les finances de l'État étant ce qu'elles sont, il est fort probable qu'à terme, nous ne pourrons continuer à compenser les surcoûts liés à l'éloignement. Or, en les tournant exclusivement vers l'ensemble européen, c'est ce à quoi nous les condamnons. Entretenir des relations économiques exclusives avec un ensemble distant de plus de 8 000 kilomètres est un non-sens à l'heure où les régions s'organisent plutôt en de grands ensembles pour notamment accroître la taille des marchés.

Pour une meilleure intégration dans l'espace régional

Notre organisation institutionnelle doit donc se mettre au service du développement, en faisant des départements d'outre-mer des territoires dotés de compétences qui les renforceront dans leur zone géographique. La protection et l'accompagnement de la France sont une force qui doit leur permettre de devenir les fers de lance de l'action économique dans leur bassin régional. La politique culturelle ou encore environnementale ne peut plus se concevoir pour un territoire européen et être étendue à des zones insulaires de la Caraïbe : ce sont des inadaptations, en effet, que naissent les frustrations.

Renforcer le poids de nos départements dans leur zone régionale suppose de les doter des compétences leur permettant de traduire concrètement les résultats de leurs discussions avec les pays voisins. La présence des DOM dans les organisations de coopération régionale ne sera suivie d'aucun effet concret si ces collectivités ne disposent pas, par ailleurs, des compétences leur permettant de mettre en œuvre les décisions dans les domaines de concertation avec leurs voisins. Ceux-ci relèvent de l'économie, de la culture et de l'environnement.

La France possède des territoires disséminés sur tous les océans, qui lui confèrent le rang de deuxième puissance maritime mondiale et qui participent de sa grandeur et de sa richesse par leur patrimoine écologique et leur biodiversité. Tous ces atouts nous semblent aujourd'hui encore largement inexploités car ils s'appuient sur des territoires économiquement affaiblis, notamment en raison de leur manque d'intégration régionale. Nous sommes convaincus que notre République se trouverait renforcée par un meilleur ancrage de ses territoires dans leur espace régional.

Cette intégration passe naturellement par une action diplomatique qui ne saurait être déléguée et qui relève indiscutablement du pouvoir régalien de l'État. C'est donc un rééquilibrage du partage des relations extérieures et de la gestion des affaires locales qu'il convient d'opérer. C'est pourquoi nous pensons que la République doit rester le cadre des valeurs et l'espace régional devenir celui de l'action au service du développement économique et de l'épanouissement culturel. Nous insistons sur le fait que notre cohésion nationale n'encourrait aucun risque si nos départements disposaient d'une autonomie renforcée. La réponse est clairement non. Tant l'assimilation politique, administrative, que sociale ne peuvent désormais être remises en cause. La relation avec la République doit donc prendre un tournant afin de favoriser l'épanouissement régional. Nous ne serions pas fidèles à la pensée du général de Gaulle si nous laissions les choses en l'état. Il nous faut, au contraire, faire un commandement de cette intervention prononcée en 1960 par le Général : « Le génie du siècle, qui change notre pays, change aussi les conditions de son action outre-mer. Il n'y a pas de politique qui vaille en dehors des réalités. »

La réalité économique montre que l'Europe ne peut plus être l'espace de relation économique privilégiée de l'outre-mer, sauf à devoir compenser les surcoûts. La réalité institutionnelle, quant à elle, montre que, d'une part, l'État n'a pas encore une culture de l'outre-mer et que, d'autre part, il se révèle parfois non dimensionné, souvent inadapté pour décider de l'action locale. Du côté de l'outre-mer, l'appartenance à la République, tant par la citoyenneté que par l'intégration sociale, ne doit plus être remise en cause. Seule la confiance mutuelle permettra d'aller plus avant dans la décentralisation des décisions. En termes clairs, l'article 73 de la Constitution doit être repensé pour que les départements d'outre-mer puissent rapprocher la décision au plus près de leur espace local et régional, en laissant à l'État l'exercice de ses missions régaliennes et sociales.

LIBRE PROPOS

Pour une véritable citoyenneté européenne

par Étienne Garau

Spontanément, pour un jeune d'une trentaine d'années, le gaullisme représente finalement peu de choses, tant les hommes politiques qui s'en sont réclamés depuis les années 1970 – tout en suivant des lignes parfois contraires ou fluctuantes – en ont brouillé l'image. Demeure, en revanche, la figure du Général, libérateur de la France. Dès lors, en creusant un peu, plusieurs idées importantes se dégagent, qui paraissent davantage former des principes d'action qu'un corps de doctrine. Ces idées fortes – celles, en tout cas, que je retiens aujourd'hui – me paraissent être les suivantes :

– un attachement viscéral à la grandeur de la France ;

– une haute vision du rôle de l'État ;

– une attention toute particulière à l'unité nationale dans un pays facilement porté à la division ;

– la nécessaire légitimation de l'action politique par l'adhésion des citoyens, symbolisée par le recours au référendum, tant il est vrai, comme le disait le général de Gaulle lui-même dans son discours de Bayeux, que « les pouvoirs publics ne valent, en fait et en droit, que s'ils s'accordent avec l'intérêt supérieur du pays, s'ils reposent sur l'adhésion confiante des citoyens. En matière d'institutions, bâtir sur autre chose, ce serait bâtir sur du sable. Ce serait risquer de voir l'édifice crouler une fois de plus à l'occasion d'une de ces crises auxquelles, par la nature des choses, notre pays se trouve si souvent exposé ». Quant à la fameuse phrase tant utilisée et recyclée du Général selon laquelle « la politique de la France ne se fait pas à la corbeille », elle ne témoigne pas à mon sens d'un désintérêt des affaires budgétaires et financières – le discours de Strasbourg est d'ailleurs clair sur ce point[1] –, mais plutôt de la nécessité de proposer et de suivre un cap qui excède les seules contingences économiques et financières. Comme l'exprimait le général de Gaulle dans son discours de Bayeux, à propos des institutions, « prenons-nous tels que nous sommes. Prenons le siècle comme il est. Nous avons à mener à bien, malgré d'immenses difficultés, une rénovation profonde qui conduise chaque homme et chaque femme de chez nous à plus d'aisance, de sécurité, de joie, et qui nous fasse plus nombreux, plus puissants, plus fraternels ».

La situation politique, économique et sociale d'aujourd'hui n'a plus rien à voir avec la France du Général. L'heure n'est donc pas à la quête d'une hypothétique « vraie croix de Lorraine », mais à la mise en pratique des idées essentielles du gaullisme dans le contexte actuel.

---

1. Discours de Strasbourg, 7 avril 1947 : « L'effort à accomplir ? D'abord, nous établir sur une base de départ solide en stabilisant la monnaie, ce qui implique en premier lieu une réduction considérable des dépenses et, par conséquent, des activités de l'État. »

Accepter notre interdépendance

Les conditions d'exercice de la souveraineté ont, en particulier, été profondément bouleversées. D'État puissant et toujours impérial au sortir de la guerre, la France a vu sa souveraineté rognée de fait : son empire a disparu et les liens qu'elle a pu et su maintenir avec ses anciennes colonies se distendent, notamment du fait de l'apparition de nouveaux acteurs (États-Unis, Chine, Brésil, etc.) ; l'interdépendance économique et financière mondiale est un fait ; enfin et surtout, la construction européenne, surtout depuis les années 1990, crée un nouveau cadre dans lequel, pour certains domaines, la France pèse, mais n'est plus indépendante.

Alors que la crise économique et budgétaire actuelle affaiblit tout à la fois les États et la construction européenne elle-même, il semble que, comme dans le discours de Strasbourg du Général, le peuple « éprouve parfois une sorte de doute amer et s'interroge avec quelque angoisse sur ce que sera l'avenir ». Toutefois, comme le Général l'affirme aussi, « à ce doute, à cette angoisse, une grande nation comme la nôtre ne doit céder à aucun prix. Si rude que soit notre route, il serait indigne de nous et mortellement dangereux de la suivre d'un pas tremblant. Les esclaves peuvent gémir, les faibles s'épouvanter. Mais nous, nous sommes des hommes et des femmes libres, capables de voir les choses telles qu'elles sont, sans nous bercer d'illusions, mais sans être obnubilés par des spectres et des fantômes ». Le fait que ce discours, qui trouve une résonance certaine avec la situation actuelle, ait été prononcé à Strasbourg, ville européenne par excellence, n'est pas le moindre des clins d'œil à l'histoire.

Dans le contexte actuel, tracer une route nouvelle implique avant tout de réaffirmer une communauté de destin.

Ce destin passe aujourd'hui par une Europe plus forte, en dépit des réticences qui ne manqueront pas de se faire jour. Seule, la France n'est plus assez puissante pour peser réellement dans un monde globalisé et bouleversé par l'émergence de certains États. En revanche, l'Europe peut lui permettre de peser et de rayonner.

Pour une Europe des citoyens

Prôner un approfondissement de l'Europe ne va évidemment pas de soi. D'abord, parce qu'elle met à mal l'idée même d'indépendance nationale. Ensuite, parce qu'elle remet en cause le rapport des citoyens à l'État, pris en tenaille entre les institutions communautaires et les collectivités locales dont les prérogatives tendent à s'accroître. Enfin, parce que les citoyens n'ont pas encore réellement trouvé leur place dans le processus de décision européen, voire y adhèrent difficilement. Ce sont donc trois piliers du gaullisme qui se trouvent ainsi ébranlés.

La perspective politique européenne d'aujourd'hui n'est, au demeurant, pas très alléchante pour les peuples. L'idée d'une union sans cesse plus étroite des peuples avait un sens certain au sortir d'une guerre qui avait ruiné le continent. Après soixante-cinq ans de paix et dans un contexte de crise économique qui fait ressurgir les égoïsmes nationaux, voire locaux, elle ne peut être portée qu'en mettant en avant un projet mobilisateur pour l'ensemble des citoyens de l'Union, un projet dans lequel ceux-ci puissent se reconnaître et sur lequel ils puissent se prononcer.

La simple perspective de résolution de la crise économique et l'annonce de supervision des budgets nationaux, nouvelle entaille à la souveraineté nationale, ne peuvent constituer ce projet, sous peine d'être un repoussoir. Les citoyens européens se sentent exclus du fonctionnement de l'Union, en dépit de l'existence du Parlement européen. Les orientations récentes visant à « juridiciser » toujours davantage le fonctionnement de l'Union peuvent encore renforcer ce sentiment[1]. Si l'on peut comprendre le souhait d'édicter des règles pour se prémunir de ses propres insuffisances, au regard des dérives budgétaires passées et de la nécessité d'assurer une coordination des politiques économiques et budgétaires pour sauvegarder la zone euro, la mise en place de règles d'or et de sanctions automatiques apparaît aussi comme une défaite de la volonté et de la responsabilité politiques, une forme de ligne Maginot politique et budgétaire.

Les institutions européennes, notamment la Commission européenne et le Parlement européen, ressortent affaiblies de la crise économique et financière actuelle, dans la mesure où

---

1. Selon le communiqué du gouvernement consécutif au sommet européen des 8 et 9 décembre 2011, le volet préventif du pacte de stabilité et de croissance devrait être renforcé par un mécanisme de sanctions automatiques en cas de déficit public supérieur à 3 % du produit intérieur brut. Seule une majorité qualifiée d'États pourrait alors faire obstacle aux propositions de sanctions de la Commission. En outre, afin d'ancrer l'équilibre budgétaire au cœur des finances publiques des États membres, une règle d'or budgétaire devrait être instaurée dans chaque État signataire au niveau constitutionnel ou équivalent. Cette règle se fonderait sur des principes communs proposés par la Commission européenne. La Cour de justice de l'Union européenne pourrait vérifier que la transposition a été correcte. Mais il reviendrait ensuite à chaque juge national de l'appliquer. La Cour de justice ne pourrait pas se prononcer sur le budget d'un État membre. L'articulation entre les niveaux national et européen, entre la Cour de justice de l'Union européenne et le Conseil constitutionnel, serait donc, selon le communiqué du gouvernement, pleinement respectueuse des compétences du Parlement français.

elles apparaissent incapables d'agir par elles-mêmes. La cohésion européenne a plus globalement été mise à mal par le refus britannique d'accepter une refonte des traités européens lors du dernier sommet européen des 8-9 décembre 2011.

Dans ce contexte, on peut reprendre le constat formulé par le général de Gaulle en 1947 à propos des insuffisances de la Constitution française de 1946 : « Gardons-nous d'ailleurs d'incriminer les hommes dont certains sont, je le dis pour les avoir moi-même éprouvés, fort dignes et fort capables de diriger les diverses branches des affaires publiques, mais que le système lui-même ne laisse pas d'égarer ou de paralyser. En tout cas, il est clair que la nation n'a pas, pour la guider, un État dont la cohésion, l'efficience, l'autorité soient à la hauteur des problèmes qui se dressent devant elle. Car ces problèmes sont d'une dimension, d'une complexité, d'une urgence, qui ne leur laissent rien de commun avec ceux que la France traitait autrefois, bien assise sur sa richesse, au milieu d'un monde nettement connu et défini. Maintenant, c'est de tout qu'il s'agit et de tout à la fois ! L'action économique, l'action sociale, l'action impériale, l'action extérieure, pour ne parler que des sujets les plus volumineux et les plus apparents, nous appellent et nous pressent, tandis que nous zigzaguons sur un chemin bordé d'abîmes. »

La France et l'Europe sont aussi aujourd'hui en position difficile et force est de constater que les institutions actuelles sont inadaptées aux besoins du temps. En outre, les sommets qui se succèdent visent à prendre des mesures pour rassurer les marchés, non pour susciter l'adhésion des citoyens.

Alors même qu'existe depuis le traité de Maastricht une citoyenneté européenne, celle-ci reste relativement vide de sens, ce que n'ont d'ailleurs pas manqué de souligner les sénateurs de gauche lors du débat sur la proposition de loi constitutionnelle visant à accorder le droit de vote et d'éligibilité aux élections municipales aux étrangers non ressortissants de l'Union européenne résidant en France. Or il n'est plus possible de confier à l'Union des prérogatives importantes sans prendre davantage en compte les citoyens et leur point de vue. Cela implique d'agir dans deux directions : d'une part, refondre les institutions européennes elles-mêmes en repensant en parallèle le rôle des États nationaux ; d'autre part, donner chair à la citoyenneté européenne qui n'est aujourd'hui qu'une coquille vide. Ce second point amène à reconsidérer le débat qui s'est tenu au Sénat sur la proposition de loi constitutionnelle visant à accorder le droit de vote et d'éligibilité aux élections municipales aux étrangers non ressortissants de l'Union européenne résidant en France.

Le débat sur la citoyenneté

Plusieurs arguments ont été avancés par les sénateurs de gauche pour défendre cette extension du droit de vote aux élections municipales des étrangers non ressortissants de l'Union européenne résidant en France, notamment que :

– Le droit de vote est un droit fondamental et la citoyenneté peut être multiple (locale, nationale, européenne).

– Le fait de travailler et de payer ses impôts en France permet de justifier l'octroi du droit de vote, dès lors que les étrangers ont déjà la possibilité de participer à de nombreuses autres activités.

– Une brèche a déjà été créée dans le principe de citoyenneté nationale du fait du droit de vote accordé aux Européens, sous réserve de réciprocité, aux élections municipales et européennes, en application de l'article 88-3 de la Constitution[1].

– Cette brèche entraîne finalement une discrimination supplémentaire à l'égard des ressortissants non communautaires.

Le thème de la brèche a été mis en avant à plusieurs reprises, pouvant laisser penser que le droit de vote aux élections municipales ne serait que la première étape vers la généralisation à terme du droit de vote des étrangers. Si cette idée ne figurait pas explicitement dans le rapport d'Esther Benbassa, elle était consignée noir sur blanc dans celui de Noël Mamère en 2000[2].

---

1. « Sous réserve de réciprocité et selon les modalités prévues par le traité sur l'Union européenne signé le 7 février 1992, le droit de vote et d'éligibilité aux élections municipales peut être accordé aux seuls citoyens de l'Union résidant en France. Ces citoyens ne peuvent exercer les fonctions de maire ou d'adjoint ni participer à la désignation des électeurs sénatoriaux et à l'élection des sénateurs. Une loi organique votée dans les mêmes termes par les deux assemblées détermine les conditions d'application du présent article. »

2. Extrait du rapport de Noël Mamère : À terme, le droit de vote devra être accordé aux étrangers qui résident sur notre sol à tous les niveaux territoriaux. « Si l'argument d'un droit de vote réservé aux nationaux cède pour les élections locales, nous devons vérifier ce qu'il en est pour les autres consultations. Pourquoi des étrangers résidant en France, qui souffrent de la même pollution que les Français, subissent la loi française en matière de bioéthique, de libertés, de commerce, paient des impôts à l'État français selon les termes de la loi de finances, seraient-ils écartés du mécanisme de décision nationale qui s'impose à eux comme à tous les habitants du même territoire ? Parce que l'on craint la réponse à cette question, est-il interdit de la poser ? » Votre rapporteur ne craint pas de la poser dans un rapport officiel de l'Assemblée nationale. Au demeurant, les quatre propositions de loi tendent à compléter l'article 3 de la Constitution, et partant, s'inscrivent effectivement dans une perspective de mutation de la notion même de souveraineté. Cette convergence est prometteuse. Elle est d'ailleurs justifiée dès lors que le concept de citoyenneté multiple débouche nécessairement sur celui de souveraineté multiple, qu'elle soit locale et plus particulièrement régionale, nationale ou européenne.

Or deux arguments principaux ont été opposés par le Premier ministre à cette proposition d'extension du droit de vote lors du débat qui s'est tenu au Sénat :

– *L'indivisibilité de la citoyenneté et de la souveraineté et, in fine, le refus du communautarisme* : « Pour moi, les collectivités locales ne sont pas dissociables de l'État et de la nation. Il n'y a pas, d'un côté, la stricte gestion locale et, de l'autre, la gestion nationale. Les deux forment des entités politiques, avec des enjeux politiques qui sont loin d'être anodins ! Les collectivités territoriales de la République participent aussi à l'expression de la souveraineté nationale. Une compétence est décentralisée lorsque le Parlement estime qu'il s'agit du meilleur échelon de décision publique. Mais ce n'est pas parce qu'une compétence est décentralisée que les étrangers devraient mécaniquement être admis à participer à son exercice. Pour moi, les élections municipales sont des élections politiques pleines et entières. Elles sont d'une essence différente des scrutins professionnels, universitaires ou sociaux. »

– *Le fait que, contrairement aux ressortissants de l'Union, les ressortissants non communautaires ne participent pas à une communauté de destin* : « Mais pourquoi avons-nous fait le choix historique d'élargir ainsi notre droit de vote aux Européens ? Parce que nous voulions qu'émerge une citoyenneté européenne, [...] une citoyenneté ancrée dans les traités, sous le sceau d'un accord entre des pays ayant explicitement décidé d'établir les fondements d'une union sans cesse plus étroite entre les peuples européens. [...] Cet objectif d'unir nos peuples ne peut pas être avancé pour tous les étrangers issus de pays, certes amis, mais qui n'appartiennent pas à l'aventure collective qui distingue l'Europe au sein du monde. »

L'argument de la destinée commune est à mon sens le plus fort des deux, dans la mesure où le premier argument utilisé par le Premier ministre, c'est-à-dire l'unicité de la citoyenneté, est de fait invalidé par le dispositif mis en œuvre en faveur des citoyens de l'Union : la citoyenneté leur a bien été transmise « en pièces détachées », pour reprendre une expression utilisée par Pierre Mazeaud. Le second argument est aussi celui qui met le plus l'accent sur la cohésion, sur le « vivre-ensemble ». C'est celui qui permet probablement le mieux de justifier que le droit de vote aux élections locales ne soit pas ouvert aux étrangers non communautaires, dès lors qu'il est réellement possible pour un étranger de devenir français s'il le souhaite.

Cela étant, l'argumentation développée par les sénateurs de gauche ne manque pas totalement de pertinence, mais sous un angle différent de celui qu'ils ont mis en avant. Comment, si l'on suit la démonstration du Premier ministre selon laquelle les collectivités territoriales forment une partie de la souveraineté nationale, ne pas envisager à terme l'extension du droit de vote à l'ensemble des élections locales et aux élections nationales en faveur des citoyens de l'Union européenne ?

Pour une vraie citoyenneté européenne

Cette évolution peut paraître difficile à accepter dans une perspective gaulliste, mais n'est-elle pas souhaitable, voire nécessaire, si l'Union européenne devait acquérir une forme fédérale ? Et cette forme fédérale ne serait-elle pas finalement préférable à un système de décision qui a aujourd'hui montré ses limites en termes de capacité de décision, de processus démocratique et d'adhésion de la part des citoyens, autres principes forts évoqués par le général de Gaulle dans son discours de Strasbourg ?

Cette évolution, si elle devait être acceptée, ne devrait pas être conçue ni perçue comme une démarche à reculons, ultime concession à une structure supranationale qui priverait le peuple français de sa souveraineté, mais au contraire comme l'un des moyens de remettre celui-ci au cœur du système, de redonner au citoyen français toute sa place.

L'article 2 de la Constitution, auquel le Premier ministre s'est référé lors de son discours devant le Sénat, dispose que le principe de la République est le « gouvernement du peuple, par le peuple et pour le peuple ». Compte tenu de l'évolution de l'Union européenne depuis 1992 – mise en place d'une monnaie unique et d'une citoyenneté de l'Union, création de l'espace Schengen, coordination toujours accrue des politiques budgétaires, celle-ci ayant connu un approfondissement de ses mécanismes depuis 2008 –, il serait conforme au principe de la République d'affirmer pleinement la place du citoyen de l'Union dans son ensemble – d'où l'idée évoquée ci-dessus d'un élargissement complet du droit de vote aux citoyens européens.

L'un des moyens d'affirmer pleinement cette citoyenneté serait de s'orienter vers une élection du président de l'Union au suffrage universel, ainsi que l'a proposé le ministre allemand des Finances, Wolfgang Schäuble. Les citoyens de l'Union pourraient de la sorte se prononcer sur un projet clair et mobilisateur. Bien sûr, cette idée peut apparaître inconfortable, car elle matérialiserait l'importance de l'Union, alors que les États membres tirent pour le moment leur épingle du jeu face à la Commission européenne. Mais c'est probablement le sens de l'histoire européenne.

Cela n'impliquerait au demeurant pas nécessairement un affaiblissement supplémentaire des États nationaux, si l'Union est dotée d'une Constitution répartissant de manière claire les compétences entre l'Union et les États membres – ce qui n'est pas aujourd'hui le cas, comme le montre la problématique du respect ou de la violation de la subsidiarité. Défendre une Europe fédérale et en tirer toutes les conclusions sur la conception de la citoyenneté ne me paraît plus antinomique avec les valeurs du gaullisme. C'est, au contraire, aujourd'hui, le plus sûr moyen de redonner du sens aux idées exprimées par le général de Gaulle dans son discours de Strasbourg.

EN GUISE DE CONCLUSION

Synthèse de l'Amicale gaulliste

par Charles Guené

Gérard Larcher nous rappelle que s'exprimer en gaulliste, un demi-siècle après la disparition de l'homme illustre, peut paraître une gageure. Le doute est pourtant au cœur de la pensée gaulliste. C'est ce doute qui nous a poussés à nous interroger sur notre légitimité, à confronter notre réflexion à la grille de nos valeurs, quand bien même les circonstances nous obligent. Il ne faut jamais oublier cette singularité qui guide notre démarche politique à penser et à agir, même si elle est parfois masquée par la force de conviction qui nous anime ensuite. On ne comprend pas le gaullisme non plus, si on omet son attachement à la souveraineté du peuple. C'est ce qui nous conduit à placer au cœur de nos réflexions les véritables aspirations de la nation, au-delà des évidences véhiculées par une opinion par trop sensible au prisme médiatique. Enfin, il est nécessaire de mesurer l'importance de l'équité qui règle notre démarche. Elle seule concilie à nos yeux le respect de la personne et de sa libre expression, avec le principe universel et abrupt d'égalité.

⋆

En revisitant les réformes et les fondements du gaullisme, les ingrédients d'une espérance nouvelle se font jour de manière lumineuse. Tout recommence toujours, encore faut-il poser les bonnes questions. Roger Karoutchi et Jacques Legendre soumettent cette France qui s'allonge volontiers sur le divan à la thérapie des valeurs intangibles qui nous inspirent. L'exercice de leur art est salutaire. Nous nous relevons avec elle, animés d'une fraîcheur nouvelle pour la suite de l'exercice pratique.

Notre Constitution a été profondément modifiée durant les deux dernières décennies pour s'adapter aux temps. Elle reste le ciment de la nation. « Cette Constitution est bonne, il faut la garder », disait le Général en 1963. Le doyen Patrice Gélard le confirme sans ambages et décline dans une grande clarté les adaptations qui sont rendues nécessaires par l'évolution historique. Jean-René Lecerf nous en rappelle la genèse et la difficulté dans la relation entre le parlementarisme rationalisé et la fonction présidentielle qui évolue dans la modernité de son époque.

Le fondateur de la Ve République s'y était essayé avec la déconvenue dont on se souvient, mais la France a-t-elle réussi sa décentralisation ? Notre nation souffre encore d'un jacobinisme bien présent. Dominique de Legge et Philippe Dallier avec un certain nombre de nos collègues sénateurs ont réalisé une étude critique sans concession de l'état du pays à l'aube du XXIe siècle. Ils nous invitent avec audace à aller au bout de la réforme des territoires, en corrigeant les déviances depuis longtemps engagées et, plus encore, à prendre en compte que, en matière d'organisation territoriale, la France n'est pas une, mais diverse. Le temps est venu d'un nouveau modèle décentralisé, où l'État ne doit pas pour autant capituler, mais, au contraire, ressaisir certaines responsabilités régaliennes trop hâtivement concédées, tout en réaffirmant une nouvelle gouvernance partagée des finances publiques.

Notre travail n'aurait pas été complet si nous n'avions évoqué la participation. Sans nul doute, le temps a-t-il érodé le dispositif mis en place, faute de contraintes, mais le concept n'est pas à reléguer au rang des archaïsmes. La troisième voie ouverte par le général de Gaulle mérite d'être approfondie, à l'heure où la crise ébranle les certitudes d'un capitalisme outrancier ; c'est la conviction d'Isabelle Debré. Pour Alain Gournac, la participation est plus qu'une variante de l'intéressement, c'est un état d'esprit. Elle peut devenir demain la composante d'une appréhension nouvelle du travail, dans un rapport positif sans lequel aucune société ne peut asseoir son fonctionnement et son avenir. Au-delà d'un produit sophistiqué, on y retrouve l'attachement profond à des valeurs qui ont longtemps prévalu. Si, en matière économique, les gaullistes restent résolument attachés aux principes d'une économie libérale, ils ne le sont qu'autant que la cohésion sociale n'est pas menacée. Chez eux, le lien entre l'économie et le social est palpable. Philippe Marini nous rappelle à cet instant que la règle ne s'impose que si elle correspond à une éthique. Elle doit être fixée par et pour nous-mêmes, avec pour but de servir avant tout notre cohésion et, bien sûr, notre indépendance nationale, réappréciée dans le contexte de son temps.

Cette indépendance se construit et s'exprime autour de la politique étrangère de la France et, avec Robert del Picchia, nous cheminons avec le Général dans la réflexion comme dans la déclinaison institutionnelle en éclairant et explicitant les événements récents. Josselin de Rohan va plus loin en donnant sa vision d'une politique étrangère moderne et adaptée à la France de 2012. La France dispose d'atouts majeurs dont elle doit prendre la pleine mesure pour les développer ensuite.

C'est en spécialiste de la défense que Jacques Gautier porte son regard sur l'outil militaire, dont la doctrine doit incontestablement s'adapter au contexte nouveau d'un autre positionnement de l'OTAN et proposer une réflexion européenne. C'est à Jean Bizet qu'échoit la question délicate et parricide de l'évolution vers cette autre Europe que les interventions précédentes amorçaient. Elle est naturellement la passerelle vers un monde nouveau.

De 1942 à son départ, la pensée de Charles de Gaulle évoluera considérablement sur l'idée et le concept de l'Europe. La nation a souvent été, chez lui, l'obstacle ou, à tout le moins, le frein dans ce domaine, au pragmatisme qu'il a su montrer en toutes circonstances, et c'est pourtant au sujet de l'Europe qu'il a su réaliser les plus grands pas et les écarts les plus inattendus. Aussi, n'en voulez pas aux auteurs, tous membres de l'Amicale, d'avoir laissé le soin à l'esprit libre d'un jeune gaulliste, Étienne Garau, d'approcher le fédéralisme et d'évoquer une citoyenneté européenne dans une dernière partie relevant pudiquement d'une « contribution ».

Nos travaux n'auraient pas été achevés si nous n'avions auparavant porté le regard sur l'outre-mer. Il rassemble, à y bien regarder, la quintessence des problématiques évoquées dans les pages qui précèdent, tant dans les besoins de redéfinition de ses liens avec l'État que dans ses réalités diverses. Avec Pierre Frogier et Michel Magras, nous ressentons profondément les aspirations partagées de la France du lointain, mais l'évidence de ce potentiel et la chance qu'il constitue pour la France du XXIe siècle tout entière et pour son rayonnement sautent aux yeux.

★

En dépit de sa date de parution, cet ouvrage est tout sauf un outil de campagne. Il se garde bien, d'ailleurs, de se référer à un programme, voire d'ébaucher une stratégie de conquête ou l'ébauche d'une réforme fiscale. Il vient affirmer qu'en 2012 les gaullistes sont présents et ne redoutent pas de se poser les questions de société et d'espace qui leur semblaient interdites. Le monde que nous retrouverons au sortir des crises qui frappent actuellement notre planète aura profondément changé ; sa géographie aussi. Certaines valeurs qui nous apparaissaient universelles auront mal résisté à la réalité et nous devrons parfois en incliner la lecture pour qu'elles ne ressortent pas altérées de cette épreuve. Vouloir maintenir leur positionnement intemporel pourrait mener paradoxalement à exacerber certains communautarismes et dénaturer leur portée même.

Notre contribution se veut refondatrice en s'appuyant sur les principes intangibles qui ont construit notre nation et avec lesquels on ne transige pas, mais en tenant compte des événements extérieurs. Si nous ne nous adaptons pas, ils seront broyés et nous avec. Notre ambition ultime pourrait être de demeurer cette lumière qui a toujours su inspirer l'humanité tout entière. Le vœu, plus modeste, reste celui de poser quelques repères pour ceux qui s'interrogent et se reconnaîtront dans le prolongement de la vision du général de Gaulle.

Liste des contributeurs

Gérard Larcher	Sénateur des Yvelines Président du Sénat (2008-2011) Ancien ministre Président de l'Amicale gaulliste
Roger Karoutchi	Ancien ministre Sénateur des Hauts-de-Seine
Jacques Legendre	Ancien ministre Sénateur du Nord Vice-président de la Commission de la culture, de l'éducation et de la communication
Patrice Gélard	Sénateur de la Seine-Maritime Vice-président de la Commission des lois constitutionnelles, de législation, du suffrage universel, du règlement et d'administration générale
Jean-René Lecerf	Sénateur du Nord Membre de la Commission des lois constitutionnelles, de la législation, du

	suffrage universel, du règlement et d'administration générale
Josselin de Rohan	Sénateur honoraire Ancien président de la Commission des affaires étrangères, de la défense et des forces armées
Jean Bizet	Sénateur de la Manche Vice-président de la Commission des affaires européennes
Robert del Picchia	Sénateur représentant les Français établis hors de France Vice-président de la Commission des affaires étrangères, de la défense et des forces armées
Jacques Gautier	Sénateur des Hauts-de-Seine Maire de Garches Vice-président de la Commission des affaires étrangères, de la défense et des forces armées
Philippe Marini	Sénateur de l'Oise Président de la Commission des finances
Isabelle Debré	Sénateur des Hauts-de-Seine Vice-présidente de la Commission des affaires sociales

Alain Gournac
Sénateur des Yvelines
Vice-président de la Délégation aux droits des femmes et à l'égalité des chances entre les hommes et les femmes
Auteur du rapport sur la participation dans les entreprises de moins de 50 salariés

Dominique de Legge
Sénateur d'Ille-et-Vilaine
Maire du Pertre
Conseiller régional de Bretagne

Philippe Dallier
Sénateur de la Seine-Saint-Denis
Maire des Pavillons-sous-Bois

Pierre Frogier
Sénateur de la Nouvelle-Calédonie
Vice-président de la Délégation sénatoriale à l'outre-mer
Président de l'Assemblée de la province sud de la Nouvelle-Calédonie

Michel Magras
Sénateur de Saint-Barthélemy
Vice-président de la collectivité de Saint-Barthélemy

Charles Guené
Sénateur de la Haute-Marne
Vice-président du Sénat

Présentation de l'Amicale gaulliste

Les sénateurs en exercice et leurs anciens collègues se sont rassemblés pour diffuser les idées héritées du général de Gaulle.

Face à la série de crises planétaires qui impactent la société tout entière, l'association pouvait-elle demeurer en dehors du vécu quotidien et des interrogations des Français ? Le gaullisme, plus que la foi en un homme providentiel, porte l'ambition commune pour la Nation du partage des valeurs intangibles qui sont la France et un pragmatisme permanent à s'adapter pour les défendre, dans l'action. C'est en cela qu'il traverse le temps et s'impose, le moment venu.

Par la force de leur réflexion, à travers les balises qu'ils posent sur l'espace d'un renouveau, par l'audace de leurs propos, comme à travers les orientations éthiques qu'ils indiquent, les membres de l'Amicale gaulliste entendent bien inscrire leurs travaux collectifs comme une réponse attendue et originale dans la tourmente de ce début de XXIe siècle.

Table

Troisième partie
AFFAIRES ÉTRANGÈRES, EUROPE, DÉFENSE

Quatrième partie
ÉCONOMIE, SOCIÉTÉ, FISCALITÉ

Cinquième partie
LES TERRITOIRES

Sixième partie
REGARDS OUTRE-MER

CET OUVRAGE A ÉTÉ TRANSCODÉ
ET MIS EN PAGES CHEZ NORD COMPO (VILLENEUVE-D'ASCQ)
ET ACHEVÉ D'IMPRIMER SUR ROTO-PAGE
PAR L'IMPRIMERIE FLOCH À MAYENNE
EN MARS 2012

N° d'impression : 82044
N° d'édition : 7381-2811-X
Dépôt légal : avril 2012
Imprimé en France